Ihr Hobby

Tropheus-Cichliden

Frank Schneidewind

„Für Sabine“

INHALTSVERZEICHNIS

email: bede-Verlag@t-online.de; Internet: http://www.bede-verlag
Konzept der Reihe „Ihr Hobby...", Herstellung und Gestaltung: bede-Verlag

Bildnachweis: Alle Fotos Frank Schneidewind, außer wenn anders aufgeführt.
Wir danken Aquapress Marie-Paule und Christian Piednoir.

ISBN: 3-931 792-65-X
bede-Bestellnummer: HO 358

Faszination *Tropheus*

Die Vertreter der Gattung *Tropheus* besitzen schon seit Jahren einen Stammplatz im Herzen vieler Aquarianer. Dabei bewegen sie nicht nur deren Herzen, sondern vielmehr deren Gemüter. Es gibt wenige Fischgruppen, bei denen Freud und Leid der Liebhaber so untrennbar verbunden sind wie bei *Tropheus*-Cichliden.

Die Fische sind eine Herausforderung und dies gleich in mehrfacher Weise. Zum einen stellen sie Anforderungen an geeignete Behältnisse, die entsprechend groß sein müssen und Wohnraum reduzieren, zum anderen sind sie in der Haltung recht empfindlich. Hinzu kommen aufgrund ihres Verhaltens die notwendigen hohen Stückzahlen bei der Anschaffung und wegen anderer Besonderheiten unweigerlich eine recht hohe finanzielle Investition. Diese erschwerenden Faktoren scheinen aber seltsamerweise weder Neulinge noch Profis abzuschrecken - ganz im Gegenteil! Wer diese hektisch-lebhaften Fische einmal längere Zeit beobachtet hat, ist einfach von ihren sonderbaren Gesten, den vielen Signalen und den herrlichen Farben fasziniert.

Tropheus-Buntbarsche, d. h. natürlich deren vielen Standortvarianten, kann man regelrecht „sammeln". Und wie bei jeder

Tropheus-*Cichliden begeistern mit ihren unterschiedlichen Farbkleidern und ihrem lebhaften Verhalten.*

Viele Tropheus-*Varianten zeigen herrliche Rottöne, die bei richtiger Stimmung „glühend" zum Vorschein kommen. Lupota-Variante.*

Sammelei reizt das Neue. Das Hobby „*Tropheus*“ lebt deshalb auch von den vielen Neuigkeiten, die es rund um diese Fische gibt. Da wären zuerst die Neuimporte zu nennen. Eifrige Fischfänger exportieren immer wieder unbekannte und heißbegehrte Varianten. Möchte man zu den ersten stolzen Besitzern gehören, muß man gegebenenfalls ein Gespräch mit seinem Kreditinstitut führen.

Neues gibt es ständig in puncto Krankheiten und deren Behandlung zu hören. Hatten Sie bis dato noch keine Hausapotheke, verhelfen Ihnen die sensiblen *Tropheus* zu einer ansehnlichen Zahl von Arzneimitteln, die man als fürsorglicher Halter einfach haben sollte. Bitte erschrecken Sie nicht, dies ist selbstverständlich nur für den Fall der Fälle.

Neues gibt es auch häufig über den vieldiskutierten Punkt Fütterung zu sagen. Hierbei geraten *Tropheus*-Pfleger regelrecht ins philosophieren. Einige Findige von ihnen lassen sich tolle Rezepte einfallen, die als entsprechende Mischung gereicht werden.

Neben denen, die *Tropheus* wie Briefmarken sammeln, gibt es jene, die jahrelang nur einen „Stamm" pflegen und die Vermehrung den Fischen selbst überlassen. Die besondere Freude besteht in der Beobachtung mehrerer Generationen im eigenem Aquarium und eventuell in einer gewissen Selektion in Richtung Farbigkeit. *Tropheus* können weit über zehn Jahre alt werden und fortpflanzungsaktiv sein.

Gern unterstellt man *Tropheus*-Züchtern kommerzielle Beweggründe bei ihrer Motivation. Geld verdienen kann man mit der *Tropheus*-Zucht aber nicht (mehr). Die Fische benötigen fast zwei Jahre bis zur Geschlechtsreife und sind im Vergleich mit anderen Zierfischen meist wenig produktiv. Die Gewinnspanne des Zoohändlers verwehrt weiterhin ein Geschäftemachen. Auch die privaten Verkaufspreise liegen recht niedrig und decken im Idealfall die Kosten (Strom, Wasser, Futter, Medikamente).

Manchmal hat der Tropheus-*Pfleger das Gefühl, von seinen Lieblingen beobachtet zu werden. Auge in Auge mit der Kapampa-Variante.*

Einige andere Aquarianer wiederrum eröffnen nach dem eigentlichen Feierabend ein sogenanntes „Kellergeschäft" und vertreiben mit Gewerbeschein alles mögliche.
Oft importieren sie auch selbst *Tropheus*. Dies ist natürlich etwas völlig anderes und nicht recht hobbyrelevant. Je nach Einkauf kann sich trotz Risiko der Verkauf lohnen, da viele Liebhaber auf einen Schlag ein kleines Vermögen investieren.
Ich denke jedoch, die meisten *Tropheus*-Halter sind „reine" Liebhaber. Und jede Liebhaberei kostet nun mal Geld. Schön, wenn ein paar eigene Nachzuchten die Kosten zu neutralisieren helfen.
Ein weiteres Vorurteil bezieht sich auf den dunklen Farbton aller *Tropheus* und deren farbliche Stimmungsabhängigkeit. Dadurch wurden Begriffe wie „Eierkohlen" o. ä. geprägt. Ich glaube, zu diesem Punkt muß ich keine großen Worte finden. Schauen Sie sich die Fotos in diesem Buch an und erleben Sie, wie „Kohle" glühen kann!
Zumeist stammen derartige Unterstellungen - wie so oft - von solchen Aquarianern, die nie *Tropheus* pflegten oder „Pech" mit ihnen hatten. Natürlich ist auch von Seiten des *Tropheus*-Liebhabers eine gewisse Toleranz gegenüber anderen aquaristischen Beschäftigungsformen geboten. Es gibt so vielfältige Möglichkeiten, sich daheim am Aquarium zu erfreuen. Dem *Tropheus*-Liebhaber bleibt jedoch die Genugtuung, hochinteressante Cichliden zu besitzen, die anscheinend nicht jeder richtig pflegen kann.
Eine wahre Flut an Veröffentlichungen beschäftigte sich in den letzten zwanzig Jahren mit *Tropheus*. In jüngeren Publikatio-

Sehr viele Tropheus-*Formen besitzen wunderschön gefärbte Augenringe. Aber nicht nur sie ziehen Blicke auf sich. Mupulungu-Variante.*

nen werden die Lebensräume und neue Varianten ausführlich beschrieben. Der Leser wird mit fremdartigen Fundortbezeichnungen, Fantasienamen und allgemeinen Informationen zum Tanganjikasee überschüttet. Dieses Überangebot mit der Gefahr der Übersättigung stammt daher, daß immer mehr reiselustige Aquarianer die Lebensräume ihrer Pfleglinge erkunden und einige wenige Autoren das Thema Tanganjikasee ausgiebig vermarkten. Auf der Strecke bleiben im wahrsten Sinne des Wortes oft die Aquarienhaltung und die Fische selbst.

Der Weg dieses Büchleins führt sie nicht direkt zum Tanganjikasee und keinesfalls hindurch, nein, er führt von dort zurück zu unser aller Gemeinsamkeit, dem Aquarium! Es gibt nicht nur an Neuem neues zu entdecken! Es scheint mancherorts, daß es ohne eine Reise zum See nichts mehr zu berichten gebe. Das Aquarium in den eigenen vier Wänden ist eine wahre Fundgrube für wißbegierige Naturliebhaber. Auch die gut untersuchten *Tropheus* haben da noch nicht ausgedient. Stets sind und bleiben sie viel wichtiger, als alles was wir über sie schreiben.

Haben Sie sich einmal für *Tropheus*-Buntbarsche entschieden, wird dies eine Liebe auf Lebenszeit. Die Fische lassen einen einfach nicht los. Schnell kommt es trotz herber Rückschläge und wechselndem Besatz zu einem Rückfall. Widerstand ist zwecklos! Die Begeisterung für *Tropheus* kann man auch mit dem Begriff „Sucht“ umschreiben und in der Tat gibt es einige Parallelen. Der schon erwähnte Rückfall gehört dazu. Die „Höhenflüge” durchleben Sie bitte selbst, um auch die unweigerlichen „Tiefschläge” zu verarbeiten.

Ich weiß nicht, wie es mit ihrer Begeisterung bezüglich *Tropheus* bereits aussieht. Eines kann ich Ihnen schon jetzt versprechen: die Fische werden sie nicht enttäuschen, sie sind begeisternd. Wenn Sie sich beim Lesen meiner Zeilen nicht begeistern können, liegt das nicht an den Fischen.

Viel Spaß beim Lesen und Betrachten der Fotos!

Herkunft und Verwandtschaft

Die Gattung *Tropheus* kommt ausschließlich im ostafrikanischen Tanganjikasee vor. Der See selbst ist ein gewaltiges Binnenmeer, dessen Maße unvorstellbar sind. Mit seinen fast 700 Kilometern Länge und maximal 80 Kilometern Breite bringt er es auf eine Oberfläche von ca. 34.000 Quadratkilometern. Eine Besonderheit ist mit 1470 m seine extreme Tiefe, die nur vom Baikalsee übertroffen wird. Geologen schätzen sein Alter auf über zehn Millionen Jahre. Die zerklüftete Küstenlinie mißt rund 2500 Kilometer. Unter diesen Voraussetzungen entstand im Laufe von Millionen Jahren eine einzigartige Fauna, die nicht nur uns Aquarianer ins Staunen versetzt. Weit über 300 Fischarten beherbergt der See, davon etwa 200 Cichliden.

Besonders interessant und aquaristisch bedeutsam sind natürlich die Wasserverhältnisse dieses gewaltigen Sees, der bei einer Höhenlage von 773 Metern über dem Meeresspiegel als Bergsee bezeichnet wird. Die wichtigsten chemischen Parameter sind neben der Temperatur die Wasserhärte und der pH-Wert. Konkret heißt das für den Tanganjikasee:

Die deutsche Gesamthärte beträgt 8 - 12° (mittelhart).

Die Karbonathärte liegt zwischen 16 - 18°.

Der pH-Wert ist alkalisch und beträgt 7,5 - 9.

Die Leitfähigkeit beträgt 600 μS/cm.

Das Wasser ist sehr sauerstoffreich.

Die Wassertemperatur beträgt 24 - 28 °C.

Aus diesen Verhältnissen leiten sich Besonderheiten für die Haltung ab, die wir etwas später besprechen werden.

Jedes Jahr werden weitere Arten oder Lokalrassen entdeckt. Daß die Artenbildung noch lange nicht abgeschlossen ist, beweisen gerade unsere *Tropheus*-Buntbarsche. Im gesamten See kommt *Tropheus* vor, jedoch in einer Vielzahl von Varianten. Jede dieser Varianten besiedelt zumeist nur ein kleines Areal und paßt sich den lokalen Gegebenheiten an. Hinzu kommt natürlich das Glücksspiel der Mutation, eine Art biologischer Lotterie. Die daraus entstehende Unterschiedlichkeit verhindert Vermischungen zwischen den einzelnen Varianten. Eine große Rolle spielen dabei auch Barrieren in Form von Flußmündungen oder Sandzonen, welche die Aufwuchsfresser nicht überqueren und ökologisch isolieren. Besonders im südlichen Bereich des Sees (Sambia) scheint es, daß „alle paar Meter" ein jeweils etwas abweichend gefärbter Tropheus vorkommt. Niemand kann genau sagen, wie viele Varianten existieren. Da fängt die Streiterei schon an. Der Ehrgeiz einiger Autoren, Aquarianer und Fischhändler besteht - leider oft einzig und allein - in einer umfassenden Katalogisierung aller vorkommenden Varianten. Dieses ehrenvolle Unterfangen bekommt bei kommerziellem Hintergrund einen bitteren Beigeschmack. Lassen Sie sich nicht zu sehr vom Rausch dieser Art des Neuen blenden, denn so weckt man Bedürfnisse. Es kann kein aquaristischer Gradmesser sein, wieviel Varianten ein Zoohändler führt. Qualität steht auch hier vor Quantität.

Ein gänzlich anderes, wenn auch nicht

Im Zoofachhandel hat sich aufgrund der Nachfrage ein bestimmtes Tropheus-*Sortiment herausgebildet. Seltene Varianten kann ein Händler zumeist längerfristig bestellen. Caramba-Variante.*

unbedeutendes Problem ist die Einordnung der Tropheus-Varianten in das zoologische System (Taxonomie). Unklar ist, welchen Status die einzelnen Lokalrassen inne haben. Wissenschaftlich sind zur Zeit nur sechs Arten anerkannt. Dies wird sich aber in der Zukunft garantiert ändern. In der Praxis hat es sich zwischenzeitlich bewährt und eingespielt, die einzelnen Varianten nach ihrem jeweiligen Fundort zu benennen. Im Kapitel „Ausgewählte Varianten" verwende ich nach dem Gattungsnamen *Tropheus* und vor dem jeweiligen Fundort noch die Bezeichnung „spec.", was bedeutet, daß die Lokalrasse wissenschaftlich noch nicht beschrieben wurde.

Viele Autoren versuchten auf unterschiedliche Weise Ordnung in das Chaos zu bringen, was aber meines Erachtens immer mißlang. Gehen wir vom Ist-Stand aus, müssen Sie sich nur folgende Artbezeichnungen einprägen:

- ***Tropheus annectens*** **(unbekannte Art, ähnlich *T. polli*)**
- ***Tropheus brichardi*** **(der eigentliche „Schoko-Moorii")**
- ***Tropheus duboisi*** **(der Weißpunktbuntbarsch)**
- ***Tropheus kasabae*** **(der blaue Regenbogen-Moorii)**
- ***Tropheus moorii*** **(früher als Brabantbuntbarsche bezeichnet)**
- ***Tropheus polli*** **(Gabelschwanz- oder Wimpel-Moorii).**

Alle Tropheus-*Arten besitzen zumindest bis zum Alter weniger Wochen eine einheitliche Querstreifenzeichnung als Jungendkleid. Chimba-Variante.*

Im Laufe des Wachstums lassen die Jungtiere früh erahnen, zu welchem Verwandtschaftskreis sie gehören. Lupota-Variante.

Viele Tropheus-*Junge besitzen auffällige Färbungen. Ein leuchtendes Hellgrau bleibt der Kapampa-Variante vorbehalten.*

Die vielen Varianten wurden in der Vergangenheit immer der Art *Tropheus moorii* zugerechnet, was keinesfalls richtig ist, uns aber heute nicht weiter aufhalten soll. Die Gattung *Tropheus* gehört zur Gattungsgruppe (Tribus) Tropheini. Dazu zählen folgende Gattungen:

- ***Cyphotilapia***
- ***Limnotilapia***
- ***Lobochilotes***
- ***Petrochromis***
- ***Pseudosimochromis***
- ***Simochromis.***

sind typische Aufwuchsfresser. Natürlich gibt es feine Unterschiede.
Alle *Tropheus*-Buntbarsche besitzen eine gemeinsame Querstreifenzeichnung als Jugendkleid, die sich nur bei *Tropheus duboisi* zu einem Pünktchenmuster entwickelt. Auf den ersten Blick und mit wenig Erfahrung sehen alle Jungtiere gleich aus. Bei genauerem Vergleich entpuppen sich jedoch Unterschiede, anhand derer man

*Sehr attraktiv wirkt die Zeichnung junger Kipili-*Tropheus.

Die nahe Verwandtschaft untereinander dokumentieren auch visuell die Arten der Gattungen *Petrochromis*, *Simochromis* und *Pseudosimochromis*. Das Verhalten dieser Gattungen ist recht ähnlich, und alle

die Varianten grob einordnen kann. Dies ist allein deshalb aquaristisch wichtig, weil leider häufig Kreuzungen vorkommen und in den Handel gelangen. Nach einer gewissen Zeit können auch Sie grob südliche von nördlichen Formen unterscheiden. Die nördlichen Varianten besitzen zumeist recht dicke und helle Querstreifen. Bei den südlichen Vertretern sind hingegen die Streifen dünner und gelblich. Hinzu kommen schnell kleine Tüpfelchen auf der Kopfmaske. Einige nördliche Varianten können recht deutliche Eiflecken auf der Afterflosse ausbilden, die südliche Vertreter vermissen lassen. Sie zeigen dafür oft rote Punkte in der Anale. Nur wenige Arten entwickeln deutliche Geschlechtsunterschiede aus.

Die Verwandtschaftsverhältnisse unserer *Tropheus* beschäftigen zur Zeit einige Wissenschaftler, die versuchen, mit Hilfe moderner genetischer Vergleiche Licht in die dunkle Systematik zu bringen. Lassen wir uns überraschen.

Deutlich ausgebildete Flecken in der Afterflosse, die bei anderen maulbrütenden Cichliden als sogenannte Eiattrappen fungieren, sind bei Tropheus *selten. Häufiger sieht man leuchtend rote Flecken.*

Klassische Eiflecken sind bei Tropheus*, wenn überhaupt, nur sehr schwach entwickelt.*

Farben und Verhalten

Selbst innerhalb der Buntbarschfamilie müssen Tropheus-*Vertreter als sehr aggressiv bezeichnet werden. Zwischenartliche Auseinandersetzungen wie hier sind selten, die Aggressivität richtet sich vorrangig gegen Angehörige der gleichen Art.*

Tropheus-Buntbarsche zählen zu den aggressivsten und interessantesten Süßwasserfischen. Dies ist keinesfalls eine Frage des Geschmacks, wie das folgende Kapitel zeigen soll. Vielleicht bekommen Sie ja Lust, Ihren Pfleglingen bei deren bunten Treiben etwas näher zuzuschauen? Warum, so wird oft gefragt, beschäftigen sich Verhaltensforscher häufig mit Fischen? Fische sind die einfachsten Wirbeltiere, die meist recht anspruchslos sind und sich in schneller Folge vermehren. Ihre Beobachtung ist - im Vergleich zu anderen Tiergruppen - einfach und kostengünstig. Fische können Aufschluß über die Stammesgeschichte und Evolution der Organismen von Wasser- zu Landtieren geben. Auch wir Menschen gehören entwicklungsgeschichtlich ins Reich der Wirbeltiere. Bevorzugt beschäftigen sich Verhaltensforscher mit Cichliden. Warum speziell diese? Buntbarsche haben ein umfangreicheres Verhaltensrepertoire als jede andere Fischgruppe. Ein nicht zu unterschlagender Punkt ist aber der, daß Cichliden viel Faszinierendes anhaftet. Die Beschäftigung mit ihnen entspringt einfach der Begeisterung an ihnen!

Tropheus-Buntbarsche haben im Tanganjikasee verschiedene ökologische Nischen besetzt und sich den natürlichen Bedingungen angepaßt. Die Arten leben auf unterschiedliche Weise zusammen. *Tropheus duboisi* ist als Ausnahme der Gattung ein Einzelgänger, hingegen bilden die anderen Arten kleine oder größere Verbände. An einigen Stellen des Sees, bevorzugt im Süden, wurden richtige Schwärme beobachtet. Das Schöne an der Beobachtung von Fischen in Aquarien ist, daß man aus der Gefangenschaftshaltung Rückschlüsse auf das natürliches Verhalten ziehen kann. So ist das Revierhalten von einigen im See nicht territorialen Arten eindeutig als Anpassung an die unnatürliche Aquariensituation zu verstehen. Die Tiere versuchen sich nach dem vorhandenem Platzangebot so gut wie nur möglich zu verteilen, da sie sich ja nicht mehr aus dem Wege gehen können. Alle *Tropheus* zeigen im Aquarium ein sehr komplexes, aber einheitliches Verhalten. Diese

noch zu beschreibenden Verhaltensmuster entstanden aber nicht erst durch die Aquariensituation, was viele zu glauben scheinen.

Im Aquarium bilden die Fische geschlossene Verbände. Geschlossen deshalb, weil es unmöglich ist, zu einer bestehenden Gruppe einen neuen Artgenossen hinzuzusetzen. Die Individuen kennen sich untereinander sehr gut und können gruppenfremde von gruppeneigenen Tieren unterscheiden. Setzt man einen neuen Tropheus in ein Aquarium mit bestehender Gemeinschaft, wird dieser im allgemeinen binnen weniger Stunden getötet. *Tropheus*-Arten bauen im Aquarium Rangordnungen auf, wo jedes Tier weiß, wem es sich zu unterwerfen hat. Ein Fisch dominiert zumeist und ist das sogenannte alpha-Tier der Gruppe.

Tropheus-Cichliden besitzen ein hohes Maß innerartlicher Aggressivität, welches zum einen auf wundersame Weise die Gruppe zusammenhält, zum anderen aber gruppenfremde artgleiche Tiere ausstößt. Wozu um alles in der Welt sind diese Fische so aggressiv und bringen einander um? Man weiß seit langem, daß sich aggressive Tiere in der Natur wie die identischen Pole eines Magneten abstoßen und dadurch räumlich verteilen. Im cichlidenrei-

Viele Tropheus-*Varianten zählen mit ihren herrlichen Farben zu den schönsten Aquarienfischen. Kasanga-Variante.*

Das häufigste und wichtigste Element im Tropheus-Verhalten ist die doppeldeutige Rüttelbewegung. Einerseits dient sie als Balz des Männchens, andererseits als beschwichtigende Geste unterdrückter Tiere. Kachese-Variante.

chen Tanganjikasee ist die Populationsdichte teilweise sehr hoch. Die Verteilung einer Art vollzieht sich ohne Rücksicht auf andere Arten, aber im ökologischen Interesse aller. Biotope wie z. B. die Geröllzonen werden dadurch nicht übernutzt, ohne dem Individuum Fisch ökonomisches Verhalten zuzuschreiben. Jene Verteilung kann dabei einzeln, paar- oder gruppenweise erfolgen. Bei *Tropheus duboisi* erfolgte sie einzeln, bei einigen anderen Arten gruppenweise. Eine weitere Auswirkung ist auch in der Besetzung verschiedener ökologischer Nischen zu sehen. *Tropheus*-Arten unterscheiden sich auch hinsichtlich ihres Vorkommens in der Wassertiefe.

Kommen wir nun zu dem, was jeder Aquarianer im Aquarium hierzu beobachten kann. Angegriffene Tiere können wirkungsvoll mit einem Verhaltensmuster die aggressive Aktion stoppen: dem Rütteln. Schwimmt ein aggressiver Fisch zum unterlegenen Rivalen, krümmt sich dieser stark, legt alle Flossen an und ein starkes Zittern geht durch den gesamten Körper des Tiers. Der Angreifer scheint dadurch irritiert zu sein und beißt nicht wie erwartet zu. Dieses Verhalten ist natürlich erblich fixiert und als angeborene Hemmung zu betrachten, die Brudermord verhindern soll. Bemerkenswerterweise wurde diese Gebärde nicht mehrfach „erfunden", sondern ist auch aus einem anderen Lebensbereich bekannt: dem Balzverhalten. Männchen werben auch mit jenem Rütteln, weil Demutsverhalten günstig auf die Paarungssituation wirkt. Sexuell motiviert schwimmt ein männliches Tier vor ein weibliches und versucht es auf den von ihm gewählten Ablaichplatz zu locken. Da die Fische für den Pfleger oft nicht geschlechtlich zu unterscheiden sind, wird sicher manches Rütteln von der Bedeutung verwechselt. Weibchen und unterdrückte Männchen rütteln vor überlegenen Artgenossen. Es vergeht kaum eine Minute, in der dies nicht beobachtet werden kann. Es ist häufig im Tierreich, daß sexuelle Verhaltensweisen zusätzlich beschwichtigend wirken. Diesen Vorgang der Bedeutungserweiterung nennt man

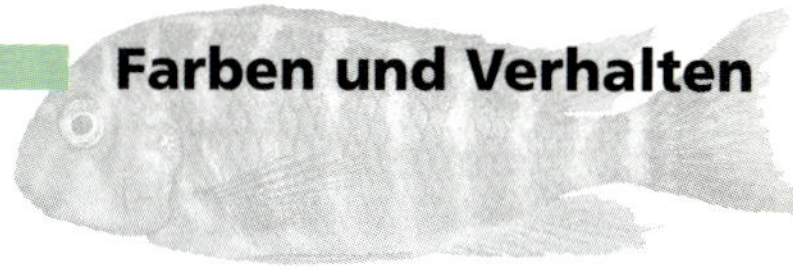

Ritualisation. Je höher ein Tier sozial gestellt ist, desto geringer ist seine Rüttelreaktion und umgekehrt. Aber nicht nur das Rütteln allein stoppt Angriffe. Tiere demonstrieren oft ihren verletzbarsten Körperteil „zum Reinbeißen". Viele *Tropheus* besitzen gerade an der empfindlichen Bauchseite ein leuchtendes Band oder einen farbigen Fleck, der beißhemmend wirkt. *Tropheus*-Buntbarsche haben aber noch eine andere prophylaktische Geste parat: die Demutsgeste. Die Fische drehen sich auf die Seite, legen die Flossen an und lassen die Farben verblassen. Es wird alles unternommen, um den Gegner nicht aggressiv zu stimmen. Damit ist die Demutsgeste genau das Gegenteil der kampfauslösenden Signale, dem Imponierverhalten. Sie verhindert Angriffe vor deren Entstehung! Patrouilliert ein dominantes Männchen durch sein Revier, zeigen die Unterlegenen die grußähnliche Demutsgeste.

Leider kommt es immer wieder vor, daß Exemplare aus festgefügten Verbänden ausgestoßen und getötet werden. Verändern sich bei einem Fisch gewisse Kennzeichen, sei es im Geruch, in der Färbung oder im Verhalten, vielleicht weil sie durch Krankheit verändert sind, verhalten sie sich nicht mehr gruppengemäß und werden „herausselektiert". Die Fische nutzen jede Gelegenheit, ihren Platz innerhalb der Rangordnung zu verbessern oder das Revier zu vergrößern und warten förmlich auf Schwächen eines anderen Tieres. Diese möchten natürlich fliehen, wobei die Aquarienscheiben jedem Fluchtversuch ein schnelles Ende setzen. Die aggressive Stimmung überträgt sich und die Fische greifen kollektiv an, sehen sie sich doch unweigerlich und immer wieder mit dem Anblick des Unterlegenen konfrontiert, der allein durch seine Anwesenheit provoziert. Diese Kämpfe dauern im Aquarium wesentlich länger und verlaufen viel brutaler als in der Natur. Selbst Tiere, die man für eine gewisse Zeit, wie z. B. maulbrütende Weibchen, aus dem Aquarium und damit der Gruppe entfernt, werden recht rasch nicht mehr akzeptiert. Der Versuch der Wiedereingliederung mißlingt oft. Es ist nicht immer leicht zu sagen, warum ausgerechnet dieses Tier ausgestoßen wurde. Ursache für derartige Verluste ist nicht die natürliche Angriffsbereitschaft, sondern unser Aquarium. Es ist für viele Fische einfach

Viele Tropheus-*Varianten besitzen auf der Flanke einen auffälligen Fleck oder eine Körperbinde, die bei Erregung aufleuchten. Mupulungu-Variante.*

Es ist sehr wichtig, eine große Anzahl von Jungfischen zu erwerben, damit sich die hohen Angriffsraten verteilen und ein Weibchenüberschuß garantiert ist. Im Bild eine Gruppe der Chipimbi-Variante.

zu klein, egal wie groß es auch ist!
Der Sinn und Hintergrund des Ausstoßverhaltens ist etwas leichter verständlich. Es soll verhindert werden, daß sich eventuelle Krankheiten auf die gesamte Gruppe auswirken. Homogenität ist oberstes Gebot. Ausgestoßene Individuen zeigen nicht die beschriebene Beschwichtigungsgeste. Selbst gruppenfremden Eindringlingen nützt das Rütteln nichts, da ein persönliches Kennen durch das gemeinsame Aufwachsen eine wesentliche Voraussetzung für deren Wirksamkeit zu sein scheint.
Weil die enthemmte Aggressivität oftmals durch die Rüttelgeste unterbrochen wurde, reagiert der Angreifer seine „aufgestaute Energie" oft an Tieren ab, die bei der Auslösung des Angriffs überhaupt keine Rolle spielten. Diesen bekannten Vorgang nennt man umorientierte Verhaltensweisen, und er ist ein weiterer Schritt zum Schutz des Unterlegenen.
Es scheint paradox: Die gleiche innerartliche Aggressivität, welche *Tropheus*-Verbände in ihrem natürlichen Lebensraum voneinander abgrenzt, hält andererseits die Gruppe zusammen. Je aggressiver Fische sind, desto enger ist auch ihr Zusammenhalt. Ohne persönliches Erkennen funktionieren die angeborenen Beschwichtigungsgesten nicht. Weitere, vielleicht sogar gruppenspezifische Kommunikationsmittel sind Ultraschallaute, welche

alle *Tropheus* zur Verständigung abgeben. Das komplexe Sozialverhalten im Aquarium beweist, daß die Tiere zumindest irgendwann einmal in ihrer Stammesgeschichte gruppenweise zusammengelebt haben müssen. Manche Autoren versuchen heute, das aggressive Treiben auf Territorialverhalten zu reduzieren und bezeichnen Auseinandersetzungen ausschließlich als Revierkämpfe. Daß dies nicht so ist, davon können Sie sich selbst überzeugen.

Aus all jenen Gründen ist es aquaristisch wichtig, bereits eine hohe Anzahl von Jungtieren zu erwerben und mit weiteren Arten zu vergesellschaften. Pflegt man im Cichlidenaquarium viele andere Vertreter, wird die Aggressivität oft ab- und umgelenkt. Je kleiner die Stückzahl und je weniger andere Arten im Aquarium vorhanden sind, desto schneller bilden sich Rangordnungsverhältnisse heraus, und desto eher muß man als Pfleger mit Verlusten rechnen. Erhöht man die Stückzahl drastisch, so daß die Gruppe bildhaft gesprochen den Überblick verliert, geht es friedfertiger zu.

Das Verständnis des komplexen Verhaltens ist einer der wichtigsten Schlüssel zur erfolgreichen *Tropheus*-Pflege. Rückschläge bleiben keinem erspart. Jeder *Tropheus*-Halter muß im Laufe der Zeit Verluste durch Ausstoßverhalten hinnehmen, ohne genaueres darüber sagen zu können.

Vielleicht können ja auch Sie mit mir das Lied von den „Zehn kleinen Mooriilein..." anstimmen? Am besten, Sie machen sich ihren eigenen Reim.

Der beste Zeitpunkt zum Vergesellschaften verschiedener Tropheus-Varianten liegt deutlich vor dem Erreichen der Geschlechtsreife.

Obwohl *Tropheus*-Buntbarsche mit 10 bis15 cm Körperlänge nicht unbedingt übergroß werden, benötigen sie dennoch reichlich Platz und Schwimmraum. Aufgrund ihres Temperaments, der Aggressivität und der hohen Stückzahl sind nur Aquarien ab 200 l und mit mehr als 120 cm Kantenlänge einzusetzen. Weniger wird auf Dauer unweigerlich bestraft. Optimal erscheinen Aquarien mit 300 bis 1000 Litern Volumen.
Empfehlenswerte Standardmaße sind z.B.:

- **120 x 50 x 50,**
- **150 x 50 x 50,**
- **160 x 60 x 60,**
- **180 x 60 x 60,**
- **200 x 60 x 60.**

Die unterste Grenze ist das Standardmaß 120 x 40 x 50 (240 l). Können Sie trotz intensiver Suche keinen Platz für ein Aquarium dieser Größenordnung in den eigenen vier Wänden finden, dürfen Sie mit der *Tropheus*-Pflege gar nicht erst beginnen (oder müssen umziehen). Je größer das Aquarium ist, desto besser. Natürlich muß bei der Planung die Belastbarkeit der Zimmerdecke berücksichtigt werden. Ungünstige Standorte für ein jedes Aquarium sind immer Fenster- oder Türbereiche. Das direkte Tageslicht läßt schnell Grünalgen wachsen und die Fische schreckhaft werden. Haben Sie einen geeigneten Standort gefunden, dann müssen nun die Maße genommen werden. Bei großen Glasaquarien und je nach Wohnverhältnissen sollten zuvor die Türmaße und der Treppenaufgang bzw. Fahrstuhl kontrolliert werden, ob das Aquarium überhaupt in die Wohnung, bzw. durch den Hausflur paßt. Kan-

Tropheus-*Aquarien müssen mindestens 300 Liter fassen, besser wären 500 oder sogar mehr. Mit entsprechender Bepflanzung können sie, wie von Aquarien im allgemeinen erwartet, ein Wohnzimmerschmuck sein.*

Helle Lochsteine als Dekoration, kräftig grüne *Cryptocorynen* und eine blaue Rückwand kontrastieren nach meinem Geschmack gut mit Tropheus.

tenlängen bis 180 cm bereiten erfahrungsgemäß selten Probleme. Das hohe Eigengewicht der Glaskörper ist beim Transport nicht zu unterschätzen. In der Regel erwirbt der Neuaquarianer ein sogenanntes Komplettaquarium oder eine Kombination, die aus den drei Teilen Unterschrank, Abdeckung und Glasbehälter besteht. Sondermaße kann jeder Zoohändler bestellen. Ein Lieferservice ist zumeist kein Problem. Garantie wird auf die Verklebung gewährt. Den besten Ruf genießen die mit schwarzem Silikon wulstverklebten Aquarien, die ein paar Mark mehr kosten als die klassisch stoßverklebten. Für die Glasstärke gibt es Berechnungstabellen, die Sicherheit garantieren. Das Glas ist meist überall von guter Qualität. Preisvergleiche lohnen immer. Erscheint Ihnen die eine Kante des Aquariums durch die Lage in der Wohnung stoßgefährdet, so sollten Sie sich für ein Panoramamaß mit abgeschrägten Ecken entscheiden. Diese Aquarien wirken darüberhinaus noch optisch sehr attraktiv. Das Aquarium muß in jedem Fall eine Deckscheibenauflage besitzen. Bei größeren Aquarien wird meist automatisch ein Quersteg als Sicherheit eingeklebt. Die Kanten der Glasscheiben müssen geschliffen sein. Der Schrank ist oft als Bausatz selbst aufzubauen. Dabei sollten vor allem die Korpusverbinder auf der Deckplatte gut versenkt werden. Die Unterschränke können je Möbelbauer sehr unterschiedlich aussehen und mehr oder weniger Platz bieten, den Sie für alle möglichen Utensilien verwenden werden. Natürlich müssen sich sowohl im Schrank als auch in der Abdeckung Bohrungen befinden, durch

Die herrlichen Farbkleider dieser außergewöhnlichen Fische kommen erst bei reichlich Oberlicht zum Vorschein. Kasanga-Jungtier.

Nicht nur die Lichtmenge ist entscheidend, sondern auch ein guter Farb-Mix (mit Hilfe handelsüblicher Leuchtstoffröhren). Lupota-Variante.

Steindekorationen können auch als Rückwand hochgeschichtet werden. Problematisch ist dabei nur ein eventuelles Herausfangen von Fischen und das Veralgen der Steine.

die Schläuche und Kabel hindurchpassen. Die Abdeckung ist auch sehr verschiedenartig gestaltet. Einige Modelle sind recht schwer und schlecht aufklappbar, andere wieder verbiegen sich schnell. Leider werden nur sehr selten Abdeckungen angeboten, bei denen sich die schweren Vorschaltgeräte im Unterschrank befinden. Der Vorteil dieser Variante ist darin zu sehen, daß die Abdeckhaube sehr leicht ist und nicht so warm wird. Hinzu kommt eine nützlichere, aufsteigende Wärme durch die Geräte im Schrank. Elegant und sehr praktisch zur Reinigung ist die einfache Herausnahme der Einbauleuchten bei einigen Modellen. Entscheiden Sie bitte selbst. Jeder Sonderwunsch kostet natürlich extra.

Gespart wird oft an der Technik, d. h. bei den Einbauleuchten. Ein Leuchtkörper für zwei Leuchtstoffröhren ist normal und eigentlich immer zu wenig. Bei größeren Maßen werden in der Regel vier Lampen angeboten. Einige davon werden versetzt angebracht, um die Ausleuchtung zu optimieren. Natürlich kann man die Anzahl an Leuchtmitteln selbst aufrüsten oder den Wunsch gleich beim Neukauf ins Gespräch bringen. Ich kann nur empfehlen, so viel unterzubringen, wie Platz vorhanden ist. Nützliches Zubehör in puncto Beleuchtung sind Reflektoren, die die Lichtausbeute erhöhen. Diese Aluminiumblenden werden direkt an der Lampe befestigt und werfen alles Licht dorthin zurück, wo es eigentlich hin soll, ins Aquarium. Angenehm ist dabei, daß man nicht mehr so geblendet ist, wenn der Leuchtkasten geöffnet wird. Eine Zeitschaltuhr übernimmt die lästige Pflicht des Ein- und Ausschaltens. Die tägliche Beleuchtungsdauer kann 12 bis 14 Stunden betragen. Vielleicht können Sie die Lampen einzeln schalten, dann können diese stufenweise durch mehrere Zeitschaltuhren ein- und ausgeschaltet werden. So erleben Sie und ihre Fische eine Art Sonnenauf- und Untergang. Alle Jahre wieder sollten die Leuchtmittel ausgetauscht werden, denn dann haben sie einfach ausgedient. Auch wenn man das manchmal bezweifeln mag, da die Lampen ja noch Licht abgeben, lohnt die Investition. Spätestens der Vergleich neu gegen alt überzeugt. Dabei sollten nicht alle Leuchtstofflampen auf einmal ausgetauscht werden - dieses wäre für die Pflanzen ein Schock -, am besten jeden Monat eine. Das Anschaffungsdatum kann mit Hilfe eines kleines Etiketts auf die Röhre geklebt werden. Als Lichtfarben haben sich in meiner Praxis besonders eine Mischung aus den Typen „Daylight" und „Grolux" bewährt. Alternativ wäre der Mix „Aqua-Glo" & „Power-Glo" zu nennen. Ergänzend sollte bei mehr als zwei Lampen unbedingt eine warmweiße Leuchte verwendet werden, die sich sehr positiv auf den Pflanzenwuchs auswirkt. Die farbige Röhre ist bei mir immer die Vordere im Leuchtkasten. Gefolgt von der tageslichtweißen, einer warmweißen und wieder einer tageslichtweißen. Die Farben der Fische werden so etwas verschönert und das Weiß erscheint nicht mehr so kalt. Sollte sich nur eine Lampe im Leuchtkasten befinden, würde ich eine warmweiße favorisieren, Pflanzenleuchten sind dann zu meiden. Besondere Effekte wie Lichtkringel usw. lassen sich mit Spotleuchten (Halogen) erzielen. HQL-Lampen haben sich in meiner Praxis nicht bewährt. Neben dem hohen Stromverbrauch und der höheren Investition stört vor allem die gelbe Lichtfarbe, die leider oft mehr Algen als Pflanzen wachsen läßt. Die besseren HQI-Brenner sind einfach zu teuer und sollten mit ihren besonderen Eigenschaften dem Meerwasseraquarianer vorbehalten bleiben. Aus der Meeresaquaristik haben einige *Tropheus*-Pfleger die empfehlenswerten „Triton"-Lampen übernommen, die optisch „tageslichtweiß" wirken.

Je nach Anbieter sind Abdeckscheiben schon mit dabei oder ein Extra. Bei Abdeckscheiben gibt es viel für und wider. Bedenklich von Seiten der Sicherheit ist ihr Fehlen nicht mehr, denn die Einbauleuchten sind mit ihren Startern, Haltern und Drosseln abgedichtet und wasserfest. Abdeckscheiben veralgen und verkalken schnell und lassen dann weniger Licht hindurch. Ihre Reinigung gelingt mit Hilfe von Essig o. ä. mühelos. Für die Fische ist ein Rausspringen nicht mehr möglich. In neueren Aquarien verzichte ich vielleicht mehr aus Bequemlichkeit auf sie.

Sehr wichtig ist der Kauf einer Unterlegmatte. Sie gehört als Pufferzone unter jedes Aquarium und verhindert einen Bruch der Bodenscheibe durch eine eventuelle Punktbelastung. Diese Aufgabe kann auch ein alter Teppichboden oder eine Styroporplatte erfüllen.

Pflanzen bieten unterdrückten Tropheus *einen Unterschlupf und werden bei entsprechender Fütterung weitgehend in Ruhe gelassen.*

Ist der Aquarienschrank aufgestellt, muß eine Wasserwaage zu Hilfe genommen werden. Große Höhenunterschiede müssen ausgeglichen werden. Anschließend wird die Unterlegmatte auf dem Schrank festgeklebt oder aufgelegt. Erst danach kann das Aquarium hinzukommen. Für schwere Steindekorationen müssen zugleich dünne Styroporplatten die Bodenscheibe von innen sichern. Am besten klebt man diese gut mit Silikon fest, ihr Auftrieb ist enorm.

Bereits jetzt im noch trockenen Stadium müssen Sie sich für die Gestaltung der Rückwand entschieden haben. Die Möglichkeiten sind sehr vielfältig. Ganz einfach und einfallslos ist das Dahinterkleben einer bunten Posterrückwand. Optisch wirkungsvoller sind einfarbige Dekore. Attraktiv wirken blaue, selbstklebende Folien (d-c-fix), die sich bei Nichtgefallen leicht wieder entfernen lassen. Ein schöner Blauton wirkt natürlich und vertiefend und hat in meiner Praxis am längsten überlebt. Die dunklen Grundfarben der *Tropheus*-Varianten kontrastieren gut dazu. - Einfach, preiswert und gut.

Im Laufe der letzten Jahre wurde ein Vielzahl neuer Rückwände für das Aquarium vorgestellt. Mit Abstand die attraktivsten sind aufgrund ihrer natürlichen Wirkung die schwedischen Reliefrückwände („Back to Nature", Fohrmann: Modell Malawi & Tanganjika). Der einzige Nachteil an ihnen ist das große Volumen, welches sie verschlingen. Die sehr ansprechend gestalteten Modelle müssen gut mit Silikon im Aquarium verklebt werden und schlucken durch ihre Struktur Platz. Aquarientiefen von 50 cm sind deshalb ein Minimum. Natürlich gab es schnell Nachahmer aus Styropor und anderen Kunststoffen. Ihre Nische finden diese Produkte schon allein aufgrund des Preises. Die handgefertigten Rückwände kosten ein kleines Vermögen, manche mehr als das eigentliche Aquarium. Diese Entscheidung wird natürlich für die Ewigkeit gefällt, denn ein Entfernen ist sehr mühsam. Selbstverständlich kann sich jeder eine eigene Rückwand, z. B. aus Styropor basteln, der Fantasie sind keine Grenzen gesetzt. Dieser Punkt muß vor der eigentlichen Inbetriebnahme geklärt sein. Nur jetzt können noch der Glaskörper bewegt und Veränderungen an der Innengestaltung vorgenommen werden.

Nach dem Hintergrund wenden wir uns dem richtigen Bodengrund zu. Für *Tropheus*-Aquarien verwende ich seit Jahren feinkörnigen, hellen Quarzkies von 1 bis 2 mm Körnung. Helle Farben ergeben einen wirkungsvollen Kontrast zu den dunklen Fischen. Diese Körnung hat den Vorteil, daß sie grob genug ist, um Pflanzenwurzeln zu belüften und fein genug, um keinen Schmutz aufzunehmen, welcher mit einer Mulmglocke entfernt werden müßte. Eine gute Filterung wird alles aufnehmen.

Zur technischen Grundausstattung eines jeden Aquarium gehört ein Heizstab, mit Hilfe dessen das Aquarienwasser auf 25 bis 27 °C temperiert wird. Als Faustformel für die passende Heizerleistung kann man etwa das Verhältnis 2 : 1 (Wasservolumen : Watt) annehmen. Die modernen Geräte sind fast alle regelbar und steuern sich selbst. Bei einigen Modellen lassen sich ganz bequem die gewünschten Temperaturwerte einstellen. Dennoch empfiehlt sich ein prüfender Blick auf das notwendige Thermometer.

Mehr als nur eine Ergänzung zur Filterung ist die Durchlüftung. Mit Hilfe einer Membranpumpe, etwas Luftschlauch und einem Ausströmerstein sprudelt es im Aquarium. Die aufsteigenden Luftblasen sorgen vor allem für die Austreibung der Atemgase, dem Kohlendioxid, und dienen zugleich der Sauerstoffversorgung. Bei Filterausfall kann dies lebensrettend sein! Die Pumpe muß Tag und Nacht in Betrieb sein. Gerade in der Nacht ist sie unentbehrlich! Während dieser Phase geben die im Aquarium vorhandenen Pflanzen zusätzlich zu den Fischen Kohlendioxid ab und nehmen Sauerstoff auf! Jede Membranpumpe macht Geräusche, die man mit einer Schaumstoffunterlage etwas eindämmen kann. Hat man keine Gelegenheit, die Pumpe oberhalb des Wasserstands anzubringen, muß diese im Aquarienschrank untergebracht werden. Wichtig ist dabei nur, ein sogenanntes Rückschlagventil zwischenzusetzen, daß im Falle eines Stromausfalls den Rücklauf von Wasser in die Pumpe infolge einer Sogwirkung verhindert.

Falls Sie das Geräusch stört, können Sie

lange Leitungen in ein anderes Zimmer legen. Natürlich unterscheiden sich die handelsüblichen Modelle deutlich in Leistung, Lautstärke und Preis. Für ihre Qualität, Leistungsstärke und Geräuscharmut sind einige relativ teure Luftpumpen bekannt. Möchte man mehrere Sprudelsteine- oder Schläuche installieren, benötigt man T- oder Verteilerstücke. Einige Aquarianer erfreuen sich auch an diesen optischen Effekten. Regelmäßig sollte der Sprudelstein ausgewechselt bzw. gereinigt werden. Filzscheiben können vor dem Austauschen gewendet oder die klassischen Kieselgursprudelsteine mit einer Nagelfeile poliert werden. Der Luftschlauch sollte durch Gummisauger an den Glasscheiben befestigt und durch Dekoration versteckt werden. Befindet sich der Stein zu dicht am Bodengrund, wird er oft durch die Aktivitäten der Bewohner mit Kies bedeckt. Ein wichtiges Ersatzteil, welches man sich gleich bei der Neuanschaffung als Reserve zulegen sollte, ist die Membrane.

Bei größeren Anlagen lohnt eventuell die Anschaffung eines leistungsstarken Kompressors. Da alle Membranpumpen die ausstoßende Luft aus der Umgebung ansaugen müssen, muß auf eine entsprechende „Reinheit" geachtet werden.

Fazit: In jedes *Tropheus*-Aquarium gehört mindestens ein Sprudelstein!

Kommen wir nun zum technischen Herzstück des Aquariums, der Filterung. Ich möchte nicht alle am Markt befindlichen Systeme vorstellen, sondern vorrangig jene, die die größte Verbreitung gefunden und sich in meiner Praxis bewährt haben. Da wären die sogenannten „Außenfilter" zu nennen, die viele Firmen in ihrem Programm haben. Das Prinzip der Filterung ist dabei immer gleich und seit vielen Jahren bewährt. Der Filter befindet sich außerhalb des Aquariums und Schläuche stellen die Verbindung her. Darin besteht auch zugleich ein potentielles Risiko: Natürlich kann diese Verbindung aus unterschiedlichen Gründen nicht mehr intakt sein, so daß es zum Wasseraustritt kommt. Am besten sichert man alle Riskostellen mit festsitzenden Schellen, die ein Abrutschen der härter werdenden Schläuche von den Plastikrohren verhindern. Überwurfmuttern müssen fest auf den Schlauch gedreht und dieser einige Zentimeter auf die Plastikrohre geschoben werden. Die Schläuche veralgen rasch und benötigen eine nicht zu unterschätzende Pflege. Dazu eignen sich eine flexible Bürste und ein Wasserstrahl. Natürlich dürfen sich beim Filteranschluß keine Knicke in der Schlauchverbindung befinden, die die Pumpenleistung beeinträchtigen. Der Filter besteht aus einem Plastiktopf und einem Motordeckel. Durch eine Einlauf- und Auslauföffnung gelangt das Aquarienwasser in und aus dem Filtertopf. Der Sog wird durch ein Flügelrad im Filterkopf hergestellt. Das Wasser wird angesaugt und muß den gefüllten Topf passieren, um von der Pumpe wieder ins Aquarium zurückgefördert zu werden. Der eigentliche „Filter" sind die sogenannten Filtermassen, jene Materialien, mit denen der Topf gefüllt wird. Nach meinen Erfahrungen und den Angaben der Hersteller hat sich folgende Reihenfolge bewährt: Als unterstes bestücke ich den Filter mit Tonröllchen, gefolgt von kleinen Steinchen und einem Filterschwamm (z. B. passend je Modell).

Alle Tropheus-*Varianten sind empfindliche Pfleglinge, die eine gute Durchlüftung und eine leistungsstarke Filterung benötigen. Murago-Variante.*

Die Keramikröllchen fungieren dabei hauptsächlich als mechanischer Schmutzfänger, wobei sich auf der großen Oberfläche der kleinen Substratsteine jede Menge nützlicher Filterbakterien ansiedeln können. Der relativ grobe Schwamm verhindert eine Verschmutzung des Antriebs und bremst dadurch nicht derart den Durchfluß, wie es bei Filterwatte der Fall ist.

Probleme bereitet immer wieder der eigentliche Anschluß. Nach dem Waschen und Einbringen aller Filtermedien und dem Überprüfen der Schlauchverbindungen kann der Filter an das Netzteil angeschlossen werden. Da sich im Filterbehälter ja noch Luft anstelle Wasser befindet, muß man zuvor am auslaufenden Schlauchstück einmal kräftig ansaugen, damit der Unterdruck weicht und Wasser einströmt. Erst jetzt läuft der Filter mit Wasser voll und es zeigt sich, ob die Verbindung „Deckel und Topf" dicht ist. Ganz entscheidend ist der richtige Sitz des notwendigen Dichtungsrings und der verschließenden Klemmen. Nur ganz wenig herausragender Filterwatte kann Wasser austropfen lassen. Bei jedem Modell befindet sich dann immer noch eine Luftblase unter dem Filtertopf, die durch leichte Rüttelbewegungen des nun ans Netz angeschlossenen Filters beseitigt wird. Nur während dieser Anfangszeit arbeitet der Filter normalerweise etwas lautstark. Nach wenigen Minuten ist die Restluft aus dem gesamten System entwichen, und der Filter läuft wie „geschmiert".

Das Wasser des Aquariums sollte mindestens zweimal stündlich das Filtersystem passieren. Die ausgewiesene Filterleistung kommt nie netto im Aquarium an. Durch zunehmende Verschmutzung der Filtersubstrate und Schlauchverbindungen bleibt etliches an Leistung buchstäblich auf der Strecke. Für ein 300 l Aquarium empfehle ich daher Filter, die mindestens 600 l Leistung ausweisen, besser jedoch mehr (ca. 1000 l brutto). Da *Tropheus*-Aquarien recht voluminös sind, benötigt man folgerichtig leistungsstarke Außenfilter mit einem hohen Filtervolumen. Sehr empfehlen kann ich wegen des großen Fassungsvermögens und des leichten Umgangs die großen Topfaußenfilter der neuen Generation. Noch effektiver - aus Sicht des Schadstoffabbaus - arbeiten die Intervallfilter der gleichen Firmen. Die Filter sollten nie zu oft gereinigt werden. Die transparente Plastik läßt von außen den Verschmutzungsgrad erkennen. Der Ausfluß wird sich im Laufe der Zeit verringern, so daß alle acht bis zwölf Wochen eine Reinigung der Filtermaterialien ansteht. Das Datum der Reinigung kann mit einem Klebeetikett auf dem Filter vermerkt werden. Diese Reinigung, die in einer Waschung der Substrate besteht, sollte zeitlich getrennt vom eigentlichen Wasserwechsel vorgenommen und am besten im eigenen Aquarienwasser erfolgen (bakterienschonender). Die Materialien können jahrelang verwendet werden. Der braune schleimige Überzug ist keineswegs Schmutz, sondern dies sind die berühmten Filterbakterien. Innerhalb eines jeden Aquariums bilden sich binnen kurzer Zeit Bakterien, die den Schadstoffabbau übernehmen (Denitrifikation). Ohne sie wäre ein Funktionieren des Aquariums nicht vorstellbar. Diese Bakterien sind ein kostbares Gut und sollten zu Beginn künstlich hineingeimpft werden, um den Neustart des Aquarium zu beschleunigen. Wird der Filter über einen längeren Zeitraum (mehr als eine Stunde) abgestellt oder wird durch Stromausfall seine Funktion eingestellt, müssen die Filtermedien gereinigt werden, ansonsten stößt dieser Toxine ins Wasser aus, die die Fische töten können. Um eine übermäßige Verschmutzung des Topffilters zu vermeiden, kann man einen Vorfilter verwenden, der grobe Schmutzstoffe abhält. Ein einfacher Trick besteht im Überstreifen einer Schaumstofffilterpatrone über den Ansaugkorb des Einlaufrohrs. Zusätzlich installiere ich in jedem meiner *Tropheus*-Aquarien einen Innenfilter, der als Schnellfilter fungiert, Schmutzstoffe abfängt, den Hauptfilter entlastet, eine Sicherheitsreserve darstellt und das Wasser gut bewegt. Dieser befindet sich immer in der anderen Ecke gegenüber dem Einlauf des Außenfilters. Die Filterpatronen des zusätzlichen Innenfilters müssen mindestens einmal pro Woche gespült werden.

Natürlich sind Außenfilter nicht die einzige Variante bei dem sehr umfassenden Punkt „Filtertechnik“. Aufgrund ihrer weiten Verbreitung und allgemeinen Dominanz möchte ich mich hier auf sie beschränken. Es darf jedoch nicht verschwiegen werden, daß es sehr effektive offenen Biofiltersysteme gibt, die allerdings viel Platz benötigen, da sie zusätzlich mindestens ein Drittel des Aquarienvolumens an Raum einnehmen.

Um Ihnen die Zusammenstellung und den Einkauf zu erleichtern, habe ich alle wichtigen Artikel noch einmal hintereinander aufgelistet.

Einkaufsliste:

- ✎ **Aquarienkombination (Schrank, Abdeckung, Glasbecken)**
- ✎ **eventuell Abdeckscheiben**
- ✎ **Unterlegmatte**
- ✎ **Hintergrund Ihrer Wahl**
- ✎ **feinkörniger Aquarienkies als Bodengrund**
- ✎ **passende Leuchtstoffröhren & Reflektoren**
- ✎ **Zeitschaltuhr, Steckerreihen**
- ✎ **Regelheizer, Thermometer**
- ✎ **Membranpumpe mit Luftschlauch und Ausströmerstein**
- ✎ **leistungsstarker Filter**
- ✎ **Aquariendekoration (je nach Geschmack)**

Neben diesen elementaren Voraussetzungen möchte ich Ihnen beispielhaft eine Aufstellung jener Sachen vorstellen, auf die ich Wert lege und die zur Nachahmung empfohlen werden. Natürlich ist dabei noch nicht das Maß des Möglichen erschöpft, der Inhalt des Geldbeutels wohl eher.

Musteraquarium:

✎ **Mein Musteraquarium ist von rechteckiger Gestalt mit den Maßen 150 x 50 x50 cm (375 l) und mit schwarzem Silikon wulstverklebt (10 mm Glasstärke).**

✎ **Zwischen dem Aquarienschrank und der Glasbodenplatte befindet sich eine dünne schwarze Unterlegmatte.**

✎ **Auf Abdeckscheiben verzichte ich.**

✎ **Die vier (!) versetzt angebrachten Leuchtstoffröhren (120 cm) sind mit Reflektoren versehen und werden per Zeitschaltuhr gesteuert.**

✎ **Die Beleuchtungsdauer beträgt 14 Stunden.**

✎ **Als Lichtfarben verwende ich von vorn nach hinten: grolux, daylight, warmweiß, daylight.**

✎ **Auf vorausgewählten Stellen der Bodenscheibe klebe ich anhand einer Dekorationsskizze dünne Styroporplatten (max. 2 cm dick) mit Silikon fest.**

✎ **Auf die angetrockneten Platten lege bzw. stelle ich die ausgesuchten und gereinigten Lochsteine (Zoohandel).**

✎ **Bei der Frage der Rückwand habe ich mich für hellblaue, selbstklebende Folie (d-c-fix) entschieden.**

✎ **Ein Regelheizer mit 200 Watt wird auf 27 °C eingestellt (Kontrolle: Thermometer).**

✎ **Eine leistungsstarke Membranpumpe wird im Unterschrank versteckt und mit einem größeren Sprudelstein und 2 m Luftschlauch plus Gummisauger verbunden. Das Rück-**

schlagventil und eine Schaumstoffmatte dürfen nicht fehlen.

✎ **Im Aquarienschrank befindet sich ein großer Motoraußenfilter.**

✎ **Zusätzlich installiere ich auf der gegenüberliegenden Seite des Außenfilteransaugrohres einen Motorinnenfilter.**

✎ **Nach gründlichem Spülen des Aquariums und dem Funktionieren aller Technik setze ich meine bevorzugten Pflanzen ein (siehe Pflanzenaufstellung).**

✎ **Das frische Leitungswasser wird nach dem Einfüllen aufbereitet.**

✎ **In der Nähe der Pflanzenwurzeln (z. B. bei *Cryptocoryne*-Arten) drücke ich Düngekügelchen in den Bodengrund.**

✎ **Nach einer Woche Wartezeit werden frühestens die ersten Bewohner eingesetzt: zehn Saugschmerlen (*Gyrinocheilus*).**

✎ **Nach einer weiteren Woche können die ersten *Tropheus* einziehen.**

Die in Telegrammstil getroffenen Aussagen müssen nachfolgend etwas ausführlicher dargestellt werden. Alle Gerätschaften sollten vorschriftsmäßig angeschlossen und überprüft werden. Erst jetzt kann mit dem Dekorieren begonnen werden. Für die Bepflanzung meiner *Tropheus*-Aquarien verwende ich vorrangig afrikanische Speerblätter (z. B. *Anubias barteri* var. *nana*) und Wasserkelche (z. B. *Cryptocoryne balansae* im Hintergrund, vorn kleinwüchsige Cryptocorynen). Es darf nicht an Pflanzen gespart werden, auch wenn diese Sorten ein paar Mark kosten. Die größeren Lochsteine bepflanze ich mit den anwachsenden *Anubias barteri* var. *nana*, in dem ich die Wurzeln in die Löcher stecke oder mit Nähgarn befestige. Die kräftig grün gefärbten, langblättrigen Cryptocorynen plaziere ich an der Rückwand, die kleineren Arten im Vordergrund. Zuvor werden die Pflanzenwurzeln gestutzt, Blei und Watte entfernt und kurz abgespült. *Tropheus*-Cichliden sind keine typischen Pflanzenfresser, nagen jedoch hin und wieder an frischen Trieben. Der Appetit auf pflanzliches Grün kann etwas durch die Zugabe von Wasserlinsen, *Lemna minor*, oder Lebermoos, *Riccia fluitans*, gestillt werden. Frisch gewaschener Kopfsalat erfüllt ebenfalls diesen Zweck.

Die Pflanzenarten für ein *Tropheus*-Aquarium:

Java-, Stufen- oder Schwarzwurzelfarn (*Microsorum pteropus*)

Afrikanische Speerblätter (*Anubias barteri* var. *nana* u. a.)

Amazonasschwertpflanzen (*Echinodorus osiris, E. horizontalis* u. a.)

Wasserkelche (*Cryptocoryne balansae, C. usteriana, C. wendtii* u. a.)

Afrikanischer Wasserfarn (*Bolbitis heudelotii*)

Sumatrafarn (*Ceratopteris thalictroides*)

Tigerlotus (*Nymphaea lotus*)

Nachdem nun alles dekoriert und installiert wurde, muß man sich in Geduld üben

Antennenwelse, Ancistrus *sind gute Algenvertilger, die auch intensive Wasserwechsel unbeschadet überstehen.*

und, - trotz eingebrachter Wasseraufbereiter - auf ein lebensfreundlicheres Milieu im sterilen Aquarium warten. Nach ein paar Tagen setzt man Saugschmerlen oder Antennenwelse hinein, die den Bakterienhaushalt durch erste Fütterungen und Stoffwechselendprodukte ankurbeln.
Erst nach einer weiteren Woche dürfen die ersten *Tropheus* in das neue Domizil einziehen. Im Vorfeld hat man sich sicher fiebrige Gedanken gemacht, welche Varianten zu favorisieren sind und wo diese erworben werden können.
Wichtig sind, egal wie Sie sich entscheiden, folgende Dinge:

✎ **Nie sollte die Stückzahl zu niedrig gewählt werden. Eine Zahl kleiner 10 kann ich nicht empfehlen.**

✎ **Die Größe der neuerworbenen Fische sollte 3 cm nicht unterschreiten.**

✎ **Pro ausgewachsenem *Tropheus* plane ich rund 10 l Wasser ein.**

✎ **Als Einsteiger würde ich mich immer für Nachzuchtfische entscheiden, die recht preiswert sein können.**

✎ **Zu ähnlich aussehende Varianten dürfen nicht miteinander vergesellschaftet werden, denn es besteht Kreuzungsgefahr.**

✎ **Ein guter Mix kann die Vergesellschaftung von nördlichen und südlichen *Tropheus*-Formen sein.**

✎ **Die eigenständigen Arten *Tropheus duboisi* und *Tropheus polli* können jedes *Tropheus*-Aquarium durch ihre abwechslungsreiche Färbung und Zeichnung bereichern.**

✎ **Gute Gesellschafter sind auch farbenprächtige Malawi-Cichliden oder andere Tanganjikas.**

Saugschmerlen sind nach meinen Erfahrungen die besten Algenfresser. Jedoch sind sie recht empfindlich und können sich gegenüber anderen Fischen aggressiv verhalten.

Die Anschaffungsstückzahl darf eigentlich nie unter zehn Exemplaren liegen. Weniger wird oft bestraft, wenn auch erst langfristig. Die Fische sind, wie beschrieben, innerartlich sehr aggressiv, die Geschlechtspartner lassen sich nicht unterscheiden, und alle *Tropheus* leben in haremsähnlichen Verbänden. Später läßt sich die Gruppe kaum „aufstocken". Im Übrigen muß leider immer mit dem Verlust von einem Tier gerechnet werden (z. B. durch Herausspringen o. ä.). Deshalb sollte die Stückzahl hoch gewählt werden.

Wenn einige Jungtiere bereits vorgewachsen sind, würde ich z. B. die drei größten und sieben kleinere nehmen, um eventuell genügend (langsamer wachsende) Weibchen zu besitzen. Alle Arten sollten nach Möglichkeit zur gleichen Zeit eingesetzt werden. So besitzt jede Art die gleiche Chance sich einzuleben und ein Revier zu besetzen. Später kann es allein aufgrund des Territorialverhaltens Schwierigkeiten geben.

Tropheus-Buntbarsche sind sauerstoffsensible Tanganjikaseecichliden, was beim Transport beachtet werden muß. Plastikbeutel sind das sicherste Transportmittel. Natürlich können auch gut gespülte, nicht zerkratzte Plastikeimer dienlich sein. Wichtig ist in jedem Falle eine gute Isolation (Zeitungspapier, Kühltasche oder Styroporbox). Eine gewisse Bewegung der Transportbehältnisse schadet nicht, ganz im Gegenteil. Durch eventuelle Fahr- oder Tragebewegungen wird die Oberfläche bewegt und so für den Austausch der Atemgase gesorgt.

Die großvolumigen Beutel sollten etwa nur mit einem Drittel Wasser gefüllt werden, der größere Anteil bleibt der lebensnotwendigen Luft (besser reiner Sauerstoff) vorbehalten. Mit Sauerstofftabletten habe ich keine guten Erfahrungen gemacht und rate daher davon ab. Den Beutel mit Ausatemluft aufzupusten, ist nicht so effektiv wie andere Techniken, denn diese besitzt bereits einige Prozente weniger an Sauerstoff. Mehr als zehn Jungfische dürfen nicht in dem Beutel Platz finden. Bei optimalen Bedingen überstehen die *Tropheus* selbst lange Transporte von mehr als zehn Stunden.

Die Fische sollten immer sehr langsam an die neuen Wasserverhältnisse angeglichen werden. Am besten man setzt sie mit ihrem Transportwasser in einen sauberen Eimer

und füllt Tasse für Tasse Aquarienwasser hinein. Anschließend fängt man die Tiere vorsichtig mit einem Netz aus dem Behältnis heraus und versucht sie möglichst „trocken" ins Aquarium einzubringen. Damit verhindert man eventuelle Krankheiten, die mit dem Wasser übertragen werden. Natürlich können auch die Fische selbst krank sein, ohne es äußerlich zu zeigen, was bei *Tropheus* leider recht häufig vorkommen kann. Einige Erkrankungen liegen in „der Natur der Sache" und haben nichts mit der Qualität der Fische oder Seriosität des Zoohändlers zu tun, worauf wir noch zu sprechen kommen.

Durch einen kritischen Blick beim Kauf können viele Risiken eingedämmt werden.

✎ **Die jungen *Tropheus* müssen lebhaft umher schwimmen und gierig ans Futter gehen. Dies kann man sich gegebenenfalls zeigen lassen.**

✎ **Apathie ist ein Krankheitszeichen.**

✎ **Auf dem Schuppenkleid dürfen keine Ektoparasiten, wie z. B. die „Weißpünktchenkrankheit" erkennbar sein.**

✎ **Der Kot darf keinesfalls glasig oder schleimig weiß aussehen.**

✎ **Der Bauch sollte weder aufgetrieben noch eingefallen wirken.**

Eine gute Verkaufsgröße sind 4 bis 5 cm Körperlänge. Kein *Tropheus* ist in dieser Größe ausgefärbt. Sind es dennoch einige Fische, dann sind sie älter, als die Größe vermuten läßt und wahre Hungerleider. Kein Mensch kann in diesem Stadium die Tiere sicher geschlechtlich zuordnen.

Möglichst sollte man den Kauf von mehreren *Tropheus*-Varianten bei unterschiedlichen Händlern vermeiden. Das Risiko einer Krankheit wird so nur vergrößert. Da die wenigsten Aquarianer heutzutage ein Quarantäneaquarium unterhalten, gelangen sicher alle Neuzugänge direkt ins große Aquarium. Um das bei den *Tropheus*-Buntbarschen gefürchtete Darmleiden zu vermeiden, hat sich in meiner Praxis eine prophylaktische Zugabe von „Preis Coly" (gegen Kiemen- und Darmparasiten) bewährt, welches zuverlässig wirkt, das Wasser nicht verfärbt und sich selbst

Neben der hohen Stückzahl beim Erwerb dürfen Jungfische nie zu klein sein. Mpimbwe-Variante.

Beim Händler hat man dann die Qual der Wahl. Welche Tropheus dürfens sein?

Zum Sortieren sind Wassereimer geeignete Behältnisse. Zum eigentlichen Transport haben sich Plastikbeutel mit zwei Dritteln Luft/Sauerstoff besonders bewährt.

wieder abbaut (da pflanzlichen Ursprungs). Kritisch muß in den ersten Tagen der Körper der Fische betrachtet werden, um die schlimmsten Folgen durch eventuelle Ektoparasiten abzuwenden.
Natürlich können *Tropheus*-Buntbarsche an allen Fischleiden erkranken. Anfällig für äußere Parasiten oder Pilzbefall sind sie jedoch nicht. Andere, veränderte Lebensbedingungen

wie ein neues Aquarium und der Streß durch den Transport etc. lassen die Abwehrkraft der Tiere sinken. Dadurch können so berühmte Krankheiten wie die Weißpünktchenkrankheit (*Ichthyophthirius*) ausbrechen. Frühzeitig erkannt, ist sie unproblematisch heilbar. Die betroffenen Fische legen anfangs alle Flossen an, scheuern sich an den Steinen und zeigen kleine weiße Pünktchen auf dem Körper. Der Handel bietet ein Vielzahl wirkungsvoller Präparate an. Nach meinen Erfahrungen ist der Wirkstoff Malachitgrünoxalat am wirkungsvollsten (z. B. Rabomed). Die Bekämpfung mit Trypaflavin- oder Methylenblaupräparaten, die das Wasser grün bzw. blau färben, dauert etwas länger. Es empfiehlt sich während der kurzen Behandlungsdauer die Temperatur auf 29° Celsius zu erhöhen, um die sich massenhaft vermehrenden Wimpertierchen schneller abzutöten. Der gesamte Bestand muß behandelt werden, da sich die Parasiten als Schwärmer im Wasser befinden. Deshalb ist es, wie auch bei allen anderen ansteckenden Krankheiten wichtig, strenge Hygiene walten zu lassen. Aquariennetze sind nur für jeweils ein Becken zu benutzen, die Hand darf nicht von Aquarium zu Aquarium eingetaucht werden usw. Sollte diese Behandlung im Hauptaquarium nicht erfolgreich sein, so handelt es sich um die sehr ähnlich aussehende Samtkrankheit (*Oodinium*). Bei diesen Geißeltierchen versagen in der Regel die „normalen Pünktchenmittel". Nach meinen Erfahrungen helfen hierbei nur Präparate, die Kupfersulfat enthalten. Streng muß hierbei auf die Dosierung acht gegeben werden. Wasseraufbereiter dürfen während der Behandlung nicht eingesetzt werden, da sie alle Metallionen binden. Die handelsüblichen Präparate (z. B. Sera Oodinopur) sind nach Anleitung mehrere Tage hintereinander zu benutzen. Bißverletzungen kommen bei *Tropheus* häufig vor und können mit einem einfachen bewährten Heilmittel, Salz (Meersalz oder Ektozon) behandelt werden. Gelegentlich können derartige Verletzungen auch verpilzen. Von den am Markt befindlichen Antipilzmitteln verwende ich Tetra FungiStop.

Hervortretende Augen (Glotzaugen) können ein Anzeichen von Vitaminmangel bzw. schlechten Wasserverhältnissen sein oder gar als Symptom einer infektiösen Bauchwassersucht auftreten. Handelt es sich um die letztere Erkrankung, werden in der Folgezeit der Bauch auftreiben und sich dadurch die Schuppen sträuben. Diese bakterielle Erkrankung ist sehr gefährlich und selten erfolgreich behandelbar. Die betroffenen Individuen sind am besten in einem Quarantäneaquarium zu isolieren und mit Antibiotika aus den Zoohandel zu behandeln. Kritisch müssen alle übrigen Insassen beobachtet werden. Um Schlimmeres zu vermeiden, empfiehlt sich auch hier die Gabe von hochwirksamen Antibiotika (Aqua Furan, Sera Baktopur).

Mit Abstand die häufigsten Sorgen bereiten jedem *Tropheus*-Halter jedoch Störungen im Magen-Darmbereich seiner Fische. Allgemeine Kennzeichen solcher Erkrankungen können Apathie, Dunkelfärbung und Freßunlust sein. In späteren Stadien kann die Bauchpartie sichtbar angeschwollen sein. Beschränkt sich die Schwellung auf den vorderen Bauchbereich, handelt es sich um eine Magenerkrankung. Koten die Tiere schleimig weiß, muß eine Hexamita-Infektion in Betracht gezogen werden. Diese Tiere magern meist recht schnell ab und zeigen dann einen sogenannten „Messerrücken". Ein wirkungsvolles Mittel ist Hexaex. Anzeiger einer Hexamita-Krankheit, die nicht nur den Darm der Fische befällt, sind auch Löcher und kraterartige Vertiefungen am Kopf, die keineswegs nur bei Diskusbuntbarschen auftreten.

Noch gefürchteter und bei weitem am häufigsten ist das Symptom des dünnen, langen und gläsrigen Kots. Hinzu kommen Futterverweigerung, Schaukelbewegungen und heftiges Würgen. Diese Anzeichen deuten auf Darmparasiten hin, die sofort bekämpft werden müssen.

Das Mittel der Wahl war jahrelang das Humanpräparat „Clont", welches den Wirkstoff Metronidazol enthält, der beim Menschen Trichomonaden bekämpft. Metrondiazol ist ein verschreibungspflichtiges Arzneimittel und wird in Form mehrerer Präparate vertrieben (z. B. Nidazol, Flagyl etc.). Besser ist es jedoch, den reinen Wirkstoff ohne Traubenzucker etc. in der Apotheke gegen Rezept einzuholen (2 Gramm auf 400 l). Heutzutage hilft Metronidazol allein oft nicht mehr. Deshalb kombiniert man dieses Medikament mit dem handelsüblichen Antibiotikum „Aqua Furan" und hat dann die besten Chancen auf Heilung. Für einige Fische kann jede Hilfe zu spät kommen. Die Behandlung darf den Zeitraum einer Woche nicht überschreiten, da sich ansonsten Folgeschäden bemerkbar machen können. Nach der Behandlung müssen unbedingt die Medikamentenrückstände durch einen Wasserwechsel und Kohlefilterung beseitigt werden. Die handelsübliche Aktivkohle muß dazu mit heißem Wasser ausgespült werden, damit die Gase entweichen und durch die vielen Poren eine Aufnahme erfolgen kann. Mit einem feinmaschigen Netzbeutel (z. B. Damenstrumpfhose oder Filtersäckchen) wird die Kohle als oberste Filterschicht plaziert. Ihre Wirkung verliert sie nach zwei bis vier Wochen. Dann ist die Kohle unbrauchbar und muß entfernt werden.

Die Ursachen dieser oben beschriebenen Erkrankung bleiben meist unbekannt. Fest steht, daß die Fische normalerweise im gesunden Gleichgewicht mit ihren Bakterien und Parasiten leben, ohne krank zu sein. Jede Schwächung eines Tiers und sei es nur ein nicht zu unterschätzender Transportstreß, führt zu Ungleichgewichten im Immunsystem. Letztlich gewinnen Parasiten und krankmachende Bakterien die Oberhand, eine gewisse Sensibilität im Magen-/Darmbereich vorausgesetzt. Deshalb ist es sehr gefährlich, fremde *Tropheus* einem alten Bestand zuzusetzen. Die neuen *Tropheus* können gegen Erreger widerstandsfähig sein, die die alten Insassen aber krank machen oder umgekehrt. Eine allgemeine Resistenz gibt es nicht. Kein Händler oder Züchter kann daher seine *Tropheus* mit einem Gesundheitspaß oder Zertifikat ausstatten! Diese bedauernswerten Vorkommnisse liegen trotz ordnungsgemäßer Pflege „in der Natur der Sache".

Die Betonung liegt dabei auf der ordnungsgemäßen Pflege, welche die folgenden Zeilen näher beschreiben und erläutern sollen.

Hausapotheke für *Tropheus*-Halter:

- ✎ **Meersalz gegen kleinere Bißverletzungen und schleierartige Augenbeläge (etwa ein Teelöffel auf 50 l),**
- ✎ **Präparat gegen Weißpünktchenkrankheit (z. B. Rabomed Super),**
- ✎ **Antipilzmittel bei nachträglicher Verpilzung eventueller Verletzungen (z. B. Tetra Fungi Stop),**
- ✎ **Preis Coly als Prophylaxe gegen Darmparasiten,**
- ✎ **Hexa ex zur Bekämpfung von Hexamita-Infektionen,**
- ✎ **Metronidazol als Medikament für die Behandlung von Darmstörungen (z. B. Clont oral oder Flagyl),**
- ✎ **Aqua Furan als Antbiotikum. In Verbindung mit dem Stoff Metronidazol gegen Darmparasiten erfolgreich.**

(Anwendungen und genauere Hinweise siehe vorhergehenden Text.)

Ein ganz wichtiger Punkt bei der *Tropheus*-Pflege ist die Fütterung. Alle *Tropheus* ernähren sich in der Natur vom Aufwuchs der Steine. Als „Aufwuchs" bezeichnet man Algen mit eingeschlossenen Mikroorganismen. Aufgrund dieser besonderen Ernährungsgewohnheit muß man alle *Tropheus* als Vegetarier bezeichnen, die keinesfalls mit tierischer Kost überfüttert werden dürfen. Schnell erleiden die Fische daraufhin Verdauungsstörungen, die nicht selten tödlich enden.

Lebendfutter vermeide ich - im Gegensatz zu manchem erfolgreichen Züchter - bereits seit Jahren und wähle alternativ gefrorenes Lebendfutter, welches bei ordnungsgemäßer Lagerung und Transport wenig Krankheitsrisiken in sich trägt.
Die Jungtiere sollten dreimal täglich gefüttert werden. Morgens gebe ich meinen *Tropheus* „auf die Schnelle" ein hochwertiges Flockenfutter, welches speziell für

Lebende Salinenkrebse und Cyclops *wirken sich sehr positiv auf die Färbung aus. Dies trifft vorrangig auf Rottöne zu, wie hier beim Kipili-Jungfisch*

Pflanzenfresser angeboten wird. Die Portion dosiere ich erfahrungsgemäß mit zwei Fingern und gebe nur so viel, wie innerhalb von zwei bis drei Minuten gefressen wird. Ein Löffel oder eine Pinzette können als Hilfsmittel verwendet werden. Als kräftige Mahlzeit am Nachmittag reiche ich ein aufgetautes Frostfutter. Als Sorten eignen sich die handelsüblichen Produkte wie z. B. *Daphnia*, *Cyclops* und *Tropheus*-Mix. Nicht zuviel darf von den gern gefressenen *Artemia* gegeben werden.

Das richtige Futter führt bei Tropheus *zu einer gesunden Verdauung. Dem Kot muß besondere Beachtung geschenkt werden. Mpimbwe-Variante.*

Dieses Futter ist leider zu eiweißreich und führt bei Überfütterung zu Magen-Darm-Erkrankungen. Wichtig ist es, jedes Frostfutter vor der Verwendung aufzutauen, ansonsten besteht die Gefahr einer Magenschleimhautentzündung (Gastritis)! Das im *Tropheus*-Mix enthaltene Grünfutter (Spinat) kann auch einzeln als käuflicher Frostspinat gefüttert werden und wird nach einer Gewöhnungsphase von den Fischen akzeptiert. Auch an der für Welse und andere Pflanzenfresser bekannt gewordenen grünen Gurke knabbern *Tropheus* gern herum.

Anhand von portionierten Blisterpackungen kann man leicht Mischungen herstellen und auftauen. So mixe ich z. B. in einem Gefäß mit Leitungswasser zwei Würfel *Tropheus*-Mix, einmal *Cyclops*, einmal Wasserflöhe und einen Block *Artemia*.

Am Abend, mindestens zwei Stunden vor dem Abschalten der Beleuchtung, biete ich meinen *Tropheus* die empfehlenswerten Kügelchen der japanischen Marke „Cichlid Staple" an, die sich durch einen hohen Anteil von *Spirulina*-Algen auszeichnen und gern genommen werden. Farbverstärkend können natürliche Futtermittel wie *Moina, Cyclops, Daphnia* und *Artemia* gegeben werden. Spezielle Trockenfuttersorten sind für diesen Zweck als Beilage geeignet.

Auch wenn es heutzutage etwas unbequem erscheint, die selbst ausgebrüteten Nauplien des Salzkrebschens *Artemia salina* sind immer noch ein ganz ausgezeichnetes Futter, vor allem für Jungfische. Daß die meisten *Tropheus* heute „fastfoodmäßig" ernährt werden, sieht man weder den Tieren an, noch gibt es Probleme damit. Einige Aquarianer haben spezielle Rezepturen entwickelt, nach denen sie die Mahlzeiten zubereiten und ihren Pfleglingen anbieten.

Die meisten von Ihnen werden sicher die handelsübliche Palette an Futtermitteln verwenden und brauchen dabei keine Gewissensbisse zu bekommen.

***Tropheus*-Speisekarte:**

- ✎ **hochwertiges, pflanzliches Flockenfutter**
- ✎ **Trockenfutterpräparate mit einem hohen Anteil von Spirulinaalgen**
- ✎ **gefrorenes Lebendfutter wie *Cyclops, Daphnia, Artemia* und das sogenannte „*Tropheus*-Mix",**
- ✎ **regelmäßige Gabe von Grünkost in Form von *Riccia, Lemna* oder Frostspinat,**
- ✎ **Lebendfutter am sichersten nur als selbst gezüchtete *Artemia salina*.**

Auch wenn das Aquarium gerade erst „frisch" eingerichtet wurde, steht nach einer Woche bereits der erste Teilwasserwechsel an. Die besprochenen schadstoffabbauenden Bakterien sind weder reichlich vorhanden noch in der Einlaufphase sehr aktiv, so daß ein Wasserwechsel (50 %) Katastrophen verhindert.

Man weiß seit langem, daß sich in einem Aquarium kein wirkliches „biologisches Gleichgewicht" einstellt. Dies wird schon mit jeder Fütterung zerstört. Alle Stoffwechselendprodukte der Fische, Futterreste etc. müssen regelmäßig per Wasserwechsel entfernt werden. *Tropheus*-Aquarien sind immer stark „belastet". Die Anzahl der Fische ist recht hoch, die Futtermenge nie gering und der Stoffwechsel der Vegetarier „nicht ohne". Stoffwechselendprodukte sind in entsprechender Dosis giftig und hemmen das Wachstum und die Fruchtbarkeit. Meine Aquarien werden wöchentlich gereinigt. Etwa die Hälfte des Aquarienwassers wird durch temperiertes Frischwasser ersetzt. Mulm absaugen muß ich aufgrund des feinkörnigen Kieses nicht. Detritus wird durch die intensive Filterung erfaßt und kann nicht in den Hohlräumen des Bodengrunds verschwinden. Die Glasscheiben putze ich mit einem Bausch feiner Filterwatte. Hartnäckige Algen oder Kalkränder entferne ich mit einem Rasierklingenreiniger. Eventuell vorhandene Abdeckscheiben reinige ich mit Essigessenz und einer Klinge. Die Pflanzen werden von abgestorbenen Blättern befreit und der Kies wieder etwas nach hinten aufgeschichtet. Anfangs überbrühe ich die trotz der eingebrachten Welse häßlich veralgenden Steine mit heißem Salzwasser und drehe sie immer abwechselnd auf die „Schattenseite".

Den eigentlichen Wasserwechsel nehme ich mit einem dicken, grünen Aquarienschlauch vor. Ein Plastikkrümmungsstück hänge ich in das Aquarium ein. An dessen Ende befindet sich ein Ansaugkorb, wie er bei Filtern verwendet wird. Damit verhindere ich das unabsichtliche Absaugen kleiner Fische. Der lange Schlauch führt entweder direkt in das WC oder in den mit einem kleinen Sieb bedeckten Abfluß der Badewanne. Der Rücklauf geht ebenso elegant über den durch das Plastikteil fest am Aquarium hängenden Schlauch. Die Mischbatterie über der Wanne/Dusche kann für diesen Zweck verwendet werden. Durch den Kauf eines „Adapters" kann man ohne weiteres Wasser direkt ins Aquarium einlaufen lassen. Dazu muß man

Der Wasserwechsel ist neben der Fütterung der wichtigste Grundbaustein erfolgreicher Tropheus-Pflege.

beispielsweise nur den Brauseschlauch oder die Brause an sich abdrehen, das neue Verbindungsstück aufsetzen und den Aquarienschlauch anschließen.

Dem frischen Leitungswasser setze ich immer einen Wasseraufbereiter zu. Dieser bindet das Chlor und eventuell vorhandene Schwermetalle im Ausgangswasser und ummantelt die Fische mit einer gut schützenden Schleimhülle.

Als Prophylaxe und zum Wohlbefinden gebe ich wöchentlich Meersalz hinzu, etwa einen Teelöffel auf 50 l. Dadurch verheilen die häufigen Bißwunden oder Augentrübungen schneller. Da im Tanganjikasee recht viele Mineralien gelöst sind, bekommt diese Milieuverbesserung den Fischen sichtbar gut.

Als Luxus leiste ich mir (bzw. meinen Fischen) noch die regelmäßige Gabe eines Vitaminpräparats. Diese Produkte sind auch sehr gut geeignet, kranke Individuen schneller gesunden zu lassen oder sogar zeitweise zu ernähren.

Anfangs bereiten häufig Algen dem Neuaquarianer Sorgen. Bitte verfallen Sie nicht gleich in Panik und benutzen ohne Überlegung sogenannte „Algenkiller“. In einem sterilen, neuen Aquarium sind Algen immer die ersten Besiedler und Zeichen eigenständigen Lebens.

Algen, egal welcher Art, sind immer Indikatoren von irgendwelchen Ungleichgewichten im Aquarienhaushalt. Eine häßli-

che braune Schmieralge (Kieselalge) läßt sich oft nicht vermeiden, weil sich im Leitungswasser Kieselsäure befinden kann. Über ein zartes Grün kann man sich eigentlich nur freuen. Die Ursachen des Auftretens von Algen sind vielfältiger Natur und haben nicht ausschließlich etwas mit der Beleuchtung zu tun, was viele Aquarianer zu glauben scheinen. Die meisten Algenarten kann man sich nicht „einschleppen". Entweder sie finden die für sie optimalen Bedingungen zum Wachstum oder auch nicht.

Bedenklicher sind fadenförmige Grünalgen, die zumeist ein Überangebot an Nährstoffen signalisieren, z. B. durch überreichliche Fütterungen usw. Am häßlichsten und hartnäckigsten im Sinne der Bekämpfung sind jedoch die schwarzen Pinsel- oder Bartalgen, die in recht vielen Tropheus-Aquarien beobachtet werden können. Die berühmt-berüchtigte Pinselalge ist eine Rotalge und liebt starke Strömungen und gedeiht nur bei starker Wasserbelastung. Dies heißt, daß im Verhältnis zur Fisch- und Futtermenge der Wasserwechsel nicht häufig oder intensiv genug gemacht wird. Vielleicht ist ja der Fischbesatz zu hoch. Manchmal wird auch einfach zu selten der Außenfilter gereinigt und entwickelt sich zu einer „Giftschleuder".

Bevorzugt gedeihen jene Algen an Filterrohren und in der Strömung an den Glasscheiben. Gern setzen sie sich an den Blättern von *Anubias* fest und lassen sich nicht mechanisch entfernen. Eine symptomatische Therapie besteht in der Behandlung mit den bewährten Produkten „Redoxin" oder „Protalon". Es gilt jedoch wie immer, die Ursache zu erforschen und der Sache auf den Grund zu gehen.

Das „A und O" ist der Wasserwechsel, nur er verdünnt die Schadstoffe (Kot, Urin, Futterreste, abgestorbene Planzenteile etc.) sicher.

Ständig müssen die Rangordnungsverhältnisse beobachtet werden, um ein frühzeitiges Einschreiten bei Auseinandersetzungen zu gewährleisten. Jedoch muß man zuvor gut überlegen, ob und wann man ein verletztes Exemplar aus dem Aquari-

um entfernt und extra hältert. Ein Zurücksetzen ist mitunter mehr als schwierig. Zu Beginn sind es oft die Männchen, die sich bei der Aufteilung des Aquariums in Reviere ins Gehege kommen. Bald stellt sich ein „Tyrann" heraus, der alle anderen terrorisiert und oft schwer verletzt.
Wie bereits am Anfang geschildert, werden verletzte und krank wirkende Individuen von allen Insassen verfolgt und attackiert. Die feindliche Stimmung überträgt sich. Derart ausgestoßene Tiere besitzen

Häufig sieht man bei Tropheus-*Pflegern Pinselalgen auf den* Anubias-*Blättern. Die Ursachen liegen zumeist in kräftigen Wasserströmungen und starken Wasserbelastungen (z. B. durch zu hohe Fisch- und Futtermengen).*

Bezüglich der Wasserverhältnisse sind alle Tropheus-*Varianten empfindliche Pfleglinge. Im weichen und saurem Milieu fühlt sich kein* Tropheus *dauerhaft wohl. Kasanga-Variante.*

„schlechte Karten", rehabilitiert zu werden. Sie müssen allein aufgrund der Tierquälerei aus dem Aquarium herausgenommen werden. Ein kleines Quarantäne- oder Jungfischaquarium kann als Krankenstation dienen. Dieses Aquarium darf nie unter 60 cm Kantenlänge besitzen und muß über denselben technischen Standard verfügen (Heizer, Filter, Beleuchtung usw.). Bei kleineren Aquarien bis 100 l reicht meist ein guter Innenfilter aus. Der Verletzte muß fürsorglich mit einer Gabe Salz (wieder Meersalz oder Ektozon) behandelt werden, damit die Bißwunden schneller ausheilen. Ein paar Vitamintropfen und Wasseraufbereiter dienen der Stabilisierung.

Ein Zurücksetzen solcher *Tropheus* ist sehr schwer, aber mit einigen „Tricks" kann man unter Umständen erfolgreich sein. Weibchen zurückzusetzen ist oft etwas einfacher. Es empfiehlt sich zuvor, die Alteingesessenen durch einen Wasserwechsel plus Dekorationsumbau abzulenken. Dann sind sie erst einmal mit einer Neuaufteilung der Reviere beschäftigt. In diesem allgemeinen Chaos hat der Neue gute Chancen, sich wieder einzugliedern. Eine anschliessende Fütterung sorgt weiterhin für Ablenkung und einem Sinken der Angriffsbereitschaft.

Manche *Tropheus*-Halter setzen das ausgestoßene Tier in einen schwimmenden Behälter, wie er für die Weibchen der Lebendgebärenden Zahnkarpfen handelsüblich ist. So kann sich der verletzte Fisch erst einmal erholen und ist vor Nachstellungen sicher. Einige Aquarianer verfahren ebenso und setzen den genesenen Fisch vorerst in den schwimmenden Käfig, damit er den Beckeninsassen bekannt wird.

Täglich sollte das Funktionieren aller Technik (Filter, Heizung, Durchlüfter) und regelmäßig die Wasserwerte (pH-, GH-, Nitrit-, Nitrat) überprüft werden. Die chemischen Parameter des Tanganjikasees dienen dabei als Vorlage. Sollten an Ihrem Heimatort andere Wasserverhältnisse herrschen, muß die Überlegung angestellt werden, ob und wie man das Ausgangswasser aufbereiten kann.

Zu hart und zu alkalisch kann es eigentlich nicht sein. Probleme kann es hinsichtlich des Nitratwerts und sauren, weichen Wasserverhältnissen geben. Der Handel bietet geeignete Puffer und Filtermaterialien an, die das Wasser in seinen Eigenschaften verändern (z. B. KH/pH Plus). Eine sehr empfehlenswerte Form ist der Bodengrund „Alpha Marin".

Kein *Tropheus* fühlt sich in weichen, sauren Verhältnissen dauerhaft wohl!

Die Fische zeigen zumeist recht rasch an, wenn sie sich nicht wohl fühlen. Dann werden u. a. die Flossen angelegt und die Farben verblassen.

Fortpflanzung und Zucht

Mit regelmäßigem Wasserwechsel und abwechslungsreicher Fütterung werden Ihre *Tropheus* bald zu prachtvollen Exemplaren heranwachsen. Obwohl schon frühzeitig Balzhandlungen und Scheinpaarungen zu beobachten sind, tritt die eigentliche Geschlechtsreife erst nach ca. zwei Jahren ein. Dies ist ein recht langer Zeitraum für Zierfische. Schnell kann es passieren, daß ein *Tropheus*-Weibchen bereits Eier im Maul hat, die am Anfang jedoch selten ausgebrütet werden. Es scheint, daß auch der ganze Vorgang der Fortpflanzung erlernt werden muß und etwas Erfahrung bedarf. Mancher *Tropheus*-Halter wird überrascht von kleinen Jungfischen, die zwischen den Steinen umherhasten. Das Weibchen entläßt ihren Nachwuchs in die schützenden Steinaufbauten und kümmert sich dann, anders als in der Natur, nicht mehr darum. Die Jungen sind der Gefahr des Gefressenwerdens ausgesetzt und überleben nie alle. Mit diesem Ereignis beginnt oft der Gedanke einer planmäßigen Zucht. Anfangs werden die Jungtiere meist aus Mitleid herausgefangen und separat großgezogen. Oft sind es die Ehefrauen oder Mütter, die Erbarmen mit den Kleinen fordern und damit indirekt eine Ausweitung des Hobbys befürworten.

Tropheus-Buntbarsche sind, wie bereits besprochen, polygame Maulbrüter. Deshalb ist immer ein deutlicher Weibchenüberhang erforderlich. Da sich Jungtiere nicht sicher geschlechtlich zuordnen lassen, muß auf gut Glück eine hohe Stückzahl gewählt werden. „Überschüssige" Männchen kann man später selbst aussortieren, insofern das nicht schon die Fische selbst erledigt haben.

Das Geschlechterverhältnis beträgt immer etwa eins zu eins. Bei zwanzig Jungtieren hat man folgerichtig vielleicht 10 Männchen und 10 Weibchen. In der Regel werden drei Männchen als Partner der restlichen Weibchen reichen. Oft teilen sich diese drei das Aquarium in Reviere auf. Manchmal, meist in kleineren Behältnissen, dominiert auch bald ein Männchen und unterdrückt stark seine Nebenbuhler. Nur ein Männchen zu besitzen bedeutet ein gewisses Risiko. Sollte dieser Fisch aus irgendwelchen Gründen das Zeitliche segnen, hat man ein Problem. Selten bekommt man sogleich ein neues Männchen der selben Standortvariante. Nicht jedes neue Männchen kann sich in der Damengesellschaft durchsetzen. Natürlich besteht auch wieder ein Krankheitsrisiko beim Neukauf.

Tropheus-Männchen sind immer zur Fortpflanzung bereit und balzen ständig - meist ohne Erfolg - die Weibchen an.

Manchmal gehen die Weibchen nur als Schein auf das Bedrängen des Männchens ein Kiriza-Variante.

Objektiver ist ein Vergleich der Genitalpapillen, der mit etwas Erfahrung und vielleicht unter Zuhilfenahme einer Lupe sichere Ergebnisse bringt.

✎ **Weibchen besitzen einen kürzeren Abstand zwischen After- und Genitalöffnung.**

Bei sexuellem Interesse können die Weibchen auch das Männchen anbalzen.

Zur geschlechtlichen Einordnung können folgende Merkmale dienen:

✎ **Männchen wachsen in der Regel schneller als die Weibchen.**

Das Ablaichverhalten kann mit einem Kreisverkehr verglichen werden. Zur Eiablage und Besamung gehen die Fische in die sogenannte T-Stellung über. Bulu-Point-Variante.

✎ **Männchen färben auch schneller aus.**

✎ **Männchen besitzen länger ausgezogene Bauchflossen.**

✎ **Männchen verhalten sich territorialer und balzaktiv.**

✎ **Bei Weibchen ist die Genitalpapille größer als der Anus.**

✎ **Weibchen besitzen wulstige Geschlechtsöffnungen.**

Entscheidet man sich für ausgewachsene Exemplare bei der Anschaffung, ist ein Geschlechterverhältnis von 1 : 5 (Männchen: Weibchen) anzuraten. Züchter erwerben Stückzahlen von mehr als 20 Individuen (z. B. 1 : 10 oder 3 : 20).

Es ist ein großer Unterschied, ob man Tropheus-Cichliden hin und wieder vermehrt

Anschließend kommt es zur Eiabgabe. Dabei kann das Maul des Männchens die Bauchpartie des Weibchens berühren. Kachese-Variante.

In der gleichen Stellung kommt es durch das Männchen zur Besamung der bereits vom Weibchen ins Maul aufgenommenen Eier. Das Maul des Weibchens befindet sich dicht an der Genitalpapille des Männchens. Kabimba-Variante.

oder planmäßig züchtet. Beschäftigen wir uns vorerst mit der Vermehrung.

Die einzelnen *Tropheus*-Arten sind sehr unterschiedlich vermehrungsfreudig. Ein Weibchen kann etwa ein- bis fünfmal im Jahr Nachwuchs bringen. Die Anzahl der Jungfische ist dabei nie hoch, und dies hat seine guten Gründe. Die Gattung *Tropheus* zählt zu jenen hochspezialisierten Maulbrütern, bei denen die Brutpflege maximiert wurde. Die Weibchen geben während des Laichens nur etwa zehn bis 30 Eier ab. Dafür sind die gelblichen Laichkörner im Vergleich wahre Riesen und kommen an die Größe einer Erbse heran. Es ist verständlich, daß der Kehlsack des Weibchens nur sehr begrenzt Platz bietet. Die ursprüngliche Stückzahl wird später im Maul vom Weibchen auf ein verträgliches Maß reduziert, so daß selten mehr als zehn Jungfische die „Bruthöhle" verlassen. Der biologische Hintergrund dieses Gigantismus ist darin zu sehen, daß die aus den Eiern schlüpfenden Jungen wesentlich größer (über 1cm Körperlänge) und sehr widerstandsfähig sind. Ein weiterer Vorteil ist in der Bewältigung von größerem Futter zu sehen. Die Menge an Nachwuchs wurde zugunsten qualitativer Eigenschaften verändert. Weniger ist mehr! Diese Entwicklung brachte es mit sich, daß die Weibchen längere Brutpflegezeiten durchleben. Erst nach über 30 Tagen entläßt das Weibchen die Brut. Im Gegensatz zu anderen Maulbrütern nehmen *Tropheus*-Weibchen während dieser Phase auch Nahrung zu sich. Da frisch aus dem Maul entlassene Jungtiere sogleich koten, liegt die Vermutung nahe, daß diese Nahrungsaufnahme nicht nur der eigenen Ernährung dient.

Maulbrütende Weibchen sind immer als solche zu entdecken. In den ersten und

letzten Tagen ihrer Brutpflege zeigen sie starke Kaubewegungen. Der gefüllte Kehlsack ist vor allem von vorn erkennbar. Einige Weibchen nehmen zusätzlich (oder ausschließlich!) kleine Steinchen oder Schneckengehäuse in den Kehlsack auf. Sie dienen eventuell als Ballast oder Ersatzobjekte. Die Fische haben Mühe, sich richtig im Wasser zu positionieren und stehen deshalb oft kopfüber.
Bei Partnermangel kann es sogar vorkommen, daß die Weibchen allein ablaichen oder sich mit anderen Männchen einlassen. Während des Ablaichens kann von Seiten des Weibchens auch der Geschlechtspartner gewechselt werden.
Es gibt nun verschiedene Varianten, mit den maulbrütenden Weibchen zu verfahren. Die einfachste und „natürlichste" wäre die, einfach nichts zu machen und alles den Fischen selbst zu überlassen. Das brutpflegende Tier bleibt im Stammaquarium und entläßt die Brut nach 4 bis 5 Wochen in die schützenden Steinaufbauten, die unbedingt vorhanden sein müssen. Natürlich ist diese schöne Vermehrungsform wenig effektiv und hat nichts mit planmäßiger Zucht zu tun.

Das Weibchen übernimmt für den Zeitraum von rund vier Wochen allein die Brutpflege. Dabei ist der „gefüllte" Kehlboden nicht immer so deutlich erkennbar.

Dennoch betreiben nicht wenige *Tropheus*-Halter diese Methode und erfreuen sich an immer wieder neuem Nachwuchs. Mancher von ihnen „schöpft" alle Jahre die herangewachsenen Jungfische ab und stimuliert so deren Eltern zu neuer Fruchtbarkeit.

Einen Schritt weiter und kontrollierter gehen jene Aquarianer, die die brutpflegenden Weibchen isolieren. Man kann das betreffende Tier in einem gesonderten Aquarium háltern, wo es in Ruhe und streßfrei seinen Nachwuchs entlassen wird. Das Problem bei den *Tropheus* ist jedoch die Zeit der Entfremdung. Das Weibchen wird nach ein paar Wochen vielleicht nicht mehr von seinen Kumpanen erkannt und deshalb attackiert. Aus diesem Grunde ist ein anderes Vorgehen erforderlich. Das Muttertier wird nach schnellen Kescherzügen in ein schwimmendes Behältnis gesetzt, wo es die Jungen ohne räuberische Störungen entlassen kann und im Aquarium verbleibt. Dazu eignen sich wieder die handelsüblichen Ablaichbehälter für Lebendgebärende. Sollten Ihnen diese zu klein erscheinen, müssen sie sich selbst einen „Kreißsaal" basteln. Dazu eignen sich Plexiglasbehälter, wie sie für andere Tiertransporte (z. B. für Mäuse usw.) angeboten werden. Einige Aquarianer basteln sich aus PVC und Gaze großvolumige Behälter, die gut geeignet sind. Wichtig ist in jedem Fall, daß der Behälter gut schwimmt und mit Schlitzen oder Löchern versehen ist, wodurch das Wasser zirkulieren kann. Selbstverständlich dürfen diese Spalten nicht größer als die Jungfische sein. Anschliessend wird der Behälter mit doppelseitigen Gummisaugern, Aluminiumstreifen oder ähnlichem an der Scheibe fixiert, um ein abdriften zu vermeiden. Jetzt hat man das Weibchen gut im Blick, welches sich schnell mit seinem Schicksal abfindet. Das wichtigste dabei ist aber, daß der Kontakt zu den Beckeninsassen nicht verloren geht. Das Weibchen kann währenddessen durchaus gefüttert werden. Mit einem dünnen Schlauch müssen regelmäßig Kotreste entfernt werden. Leider veralgen diese Behältnisse meist recht rasch und können erst anschließend richtig gereinigt werden. Ein weiterer Vorteil dieser häufig angewendeten Methode ist, daß man alle Jungfische eines Wurfs retten kann, hingegen im

Zwischen den Spalten und Löchern der Dekoration können selbst im überfüllten Tropheus-*Aquarium Jungtiere heranwachsen.*

eigentlichen Aquarium nur eine unbestimmte Zahl überlebt hätte.
Es kann durchaus sein, daß gleichzeitig mehrere Weibchen brutpflegend sind, weil auch bei *Tropheus* teilweise eine Synchronisation der Fortpflanzung beobachtet werden kann. Die Tiere sollten dann jeweils separat gehältert werden.
Der Nachwuchs muß anschließend in ein eigenes Jungfischaquarium überführt werden. Ist der „Kreißsaal" groß genug, kann er auch weiter als „Kinderkrippe" dienen. Das Muttertier muß dann entfernt werden, wenn es alle Jungen aus dem schützenden Maul entlassen hat. Da es sich zumeist um recht wenige Fische von einem einzelnen Weibchen handelt, sollte die Sache überschaubar bleiben. In einem übergroßen, gut gemeinten Aufzuchtbehälter finden die Jungen weder ihr Futter noch kommen sie richtig zur Ruhe und bleiben schreckhaft. Eine gute Sichtkontrolle ist wichtig.
Der *Tropheus*-Nachwuchs ist, wie bereits erwähnt, sehr groß und unproblematisch aufzuziehen. Neben dem regelmäßigen Wasserwechsel ist natürlich die Fütterung ganz wichtig. So oft wie nur möglich! Als Minimum sollten drei Gaben pro Tag angesehen werden, besser wären sechs. Als Futter kommen, wie bei den ausgewachsenen *Tropheus*, vor allem pflanzliche, ballaststoffreiche Sorten in Betracht. Das Flockenfutter kann etwas mit den Fingern zerkleinert werden. Sehr empfehlenswert sind tiefgefrorene *Cyclops*. Noch besser - in Kombination - sind selbstgezüchtete *Artemia*-Nauplien, die auch farbverstärkend wirken und ein ideales Aufzuchtfutter darstellen.
Man sollte sich einmal vergleichend die Mühe machen, täglich die Hälfte des Aquarienwassers auszutauschen und eine häufige, abwechslungsreiche Fütterung mit lebenden Salinenkrebsen durchzuführen. Sie werden erstaunt sein, wie schnell die kleinen *Tropheus* wachsen. Man sieht ihnen die gute Pflege förmlich an. Gerade die wunderschönen Rottöne, die bei *Tropheus* häufig vorkommen und die bereits Jungtiere zeigen können bzw. erahnen lassen, begeistern nach intensiver *Artemia*-Verfütterung.
Nützlich können sich kleine *Ancistrus*-Welse machen, die Futterreste vertilgen und Algen beseitigen. Diese Fische sind völlig harmlos und keine Gefahr für den *Tropheus*-Nachwuchs. Die Wassertemperatur sollte 27 °C betragen, dann gedeihen die Jungtiere am besten.
Beabsichtigt man, die Nachzucht wieder in das Elternaquarium zurückzusetzen, sollten sie eine Mindestgröße von 3 bis 4 cm haben, ansonsten besteht die Gefahr, daß sie gefressen werden. Diese Körpergröße ist zugleich ein handelsübliches, abgabefähiges Maß, welches bei guter Aufzucht nach rund zwölf Wochen erreicht wird. Die Jungen sind recht robust und untereinander schon streitsüchtig. Sie können ohne weiteres mit anderem Nachwuchs vergesellschaftet werden, insofern die *Tropheus* nicht zu groß für diesen sind. Es bereitet viel Freude, die jungen *Tropheus* untereinander zu beobachten. Eine versteckreiche Dekoration ist auch hier anzuraten. Dennoch sollte das Jungfischaquarium übersichtlich und pflegeleicht sein. Da man hier häufiger hantiert und fängt, kann man die Pflanzen in Töpfen kul-

Ein 200 Liter Aquarium eignet sich gut für die Aufzucht verschiedener und etwas größerer Tropheus-*Junge und kann ebenfalls dekoriert werden.*

tivieren und diese mit Steinen verdecken. Bei größeren Aktionen kann man so ganz bequem die gesamte Dekoration in eine Plastikwanne setzen. In den Spalten zwischen den Pflanzen und Steinen verbergen sich oft bei der Herausnahme noch die algenfressenden Welse bzw. Schmerlen. Dies muß auch beim eventuellen Überbrühen von veralgten Steinen beachtet werden.

Einige Züchter betreiben eine völlig andere Methode, um an reichlich Nachwuchs zu gelangen. Den maulbrütenden Weibchen wird förmlich der Nachwuchs aus dem Maul geschüttelt. Dazu wird das Weibchen eingefangen und in die Hand genommen. Die Prozedur kann entweder in einem feinmaschigen, großen Netz oder einem passenden Jungfischbehälter vollzogen werden. Schnell wird hierbei die Schleimhaut des Fischs verletzt und die Augen zeigen sich anschließend trüb (Therapie: Salzzugabe). Vorsicht ist vor den aufgestellten Hartstrahlen der Rückenflosse geboten, die sich schmerzhaft in die Hand bohren können. Mit leichtem Druck durch Daumen und Zeigefinger versucht man, das Weibchen zum Öffnen des Mauls zu veranlassen. Manche Aquarianer verwenden dafür Hilfsmittel wie einen kleinen Löffel oder eine Pinzette. Der Druck auf die Maulwinkel führt meist rasch zum gewollten Ergebnis. Einige, vor allem junge Muttertiere spucken spontan die ganze Brut sofort aus. Ältere Weibchen machen es einem da schon schwerer. Bei ihnen ist oft eine Massage des Kehlbodens erforderlich, damit die letzten Jungen preisgegeben werden. Man kann nie sicher sein, wirklich alle Jungfische erwischt zu haben. Einige Weibchen betreiben nach diesem gewaltsamen Akt weiterhin Brutpflege. Erstlingsmüttern sollte man dieses Vorgehen ganz ersparen.

Diese sollten mindestens einmal die Brutpflege richtig durchleben. Es schadet natürlich keineswegs, bewußt einige Jungtiere im Kehlsack des Weibchens zum Ausleben der Brutpflegemotivation zurückzulassen. Nach gut drei Wochen Brutpflege kann zu diesem Zweck das Muttertier eingefangen werden. Dies setzt natürlich eine regelmäßige Beobachtung bzw. Protokollierung voraus. Bei früheren Entnahmeterminen sind die Jungtiere noch nicht voll ausgereift und besitzen als empfindliche Larven noch einen großen Dottersack. Nicht jedes Weibchen nimmt ihren Nachwuchs nach diesem Vorgang wieder schützend auf und pflegt ihn weiter. Sollten die *Tropheus* in der Tat zu winzig sein, dann wird es erforderlich, die Jungen künstlich aufzuziehen. Die Jungen müssen, ähnlich der ständigen Umschichtung im Kehlsack des Weibchens, in Bewegung gehalten werden. Um die Kaubewegungen des Weibchens zu imitieren und eine Art Brutmaschine zu schaffen, haben viele Aquarianer raffiniertes gebastelt. Hatte man den Dreh raus, wagten sich einige Züchter immer früher an den Nachwuchs heran. Dies führte dazu, daß den Weibchen bereits nach wenigen Tagen die Eier entwendet wurden. Nach meinen Erfahrungen kann dies frühestens ab dem fünften Tag nach dem Ablaichen geschehen. Die Quote ist dann aber noch recht schlecht. Wartet man ein paar Tage länger, wird die Aufzucht sicherer und die Eianzahl ist immer noch sehr hoch. Zwanzig Eier sind keine Seltenheit. Die sich entwickelnden Jungen wachsen dann etwas langsamer als im Maul der Mutter. Es besteht auch die Gefahr einer Laichverpilzung, die man durch die Zugabe von handelsüblichen Präparaten verhindern kann. Eine Verdunklung hat sich ebenfalls bewährt.

Der Vorteil dieser Methode liegt auf der Hand. Dem Weibchen werden durch die frühzeitige Entnahme längere Hungerzeiten erspart. Das Tier bleibt im Stammaquarium und muß nicht „evakuiert" werden. Weiterhin ist die gewaltsam entnommene Stückzahl immer höher, als die vom Weibchen entlassene. Dies hängt damit zusammen, daß das Weibchen die Jungenanzahl im Laufe der Zeit auf ein erträgliches Maß reduziert. Der Nachwuchs kann dann schneller optimal gefüttert werden und muß nicht warten, bis das streßgeplagte Muttertier die Zeit für reif hält. Außerdem kommt das Muttertier nicht in die Verlegenheit, den Nachwuchs zu „verschlucken".

Im Sinne einer ergiebigen Zucht ist diese Methode sicher effektiv, aber dennoch unschön und sehr unnatürlich. Das häufige Argument von Brutpflegestörungen bei den so aufgezogenen Jungen und so behandelten Weibchen kann ich nicht bestätigen. In meiner langjährigen Zuchtpraxis sind mir keine Verhaltensstörungen aufgefallen.

Tropheus-Vertreter benötigen in der Tat zwei Jahre - manchmal mehr, manchmal weniger - bis mit einer kontinuierlichen Zucht gerechnet werden kann. Hat sich eine zuchtfähige Gemeinschaft herausgebildet, sollte man diese möglichst in Ruhe lassen und keine weiteren Artgenossen hinzusetzen. Neben dem immer aktuellen

Eine auf Dauer erfolgreiche Zucht gelingt nur mit einer individuenstarken Tropheus-Gemeinschaft.

Aus zumeist unerklärlichen Gründen wird ein Tier aus dem Verband ausgestoßen und von allen Insassen attackiert. Es sollte schnell herausgefangen werden, was sich praktisch nicht immer einfach machen läßt.

Risiko einer folgenschweren Erkrankung bringt man unnötig Unruhe in die Gemeinschaft. Daraus resultierende Umstrukturierungen innerhalb einer *Tropheus*-Gruppe haben nicht selten die Tötung einiger Artgenossen zur Folge. Es ist leider nichts Ungewöhnliches, wenn im Laufe der Zeit ein Kumpan ausgestoßen wird und aus dem Aquarium entfernt werden muß.

Selten leiden *Tropheus*-Buntbarsche unter der Dominanz anderer Arten, eher das Gegenteil ist oft der Fall. Zwischenartlich sind *Tropheus*-Buntbarsche wenig aggressiv. Jedoch kann ein dominantes Männchen für Unruhe sorgen und andere Männchen unterdrücken. Die Fische einiger Varianten sind leider nicht so vermehrungsfreudig wie andere, so daß dies nicht immer an den Pflegebedingungen liegen muß. Klappt es dauerhaft nicht mit dem gewünschten Nachwuchs, könnte das an folgenden Faktoren liegen:

Zuchtprobleme?

✎ Sind tatsächlich beide Geschlechter vertreten (objektiver Genitalvergleich)?

✎ Sind die Pfleglinge vielleicht noch zu jung oder schon zu alt?

✎ Ist vielleicht das einzige Männchen unfruchtbar?

✎ Liegen die Wasserverhältnisse nicht im Optimum?

✎ Werden die *Tropheus* von anderen Insassen unterdrückt?

✎ Sind genügend Unterschlupfplätze für brutpflegende Weibchen vorhanden?

✎ Werden die *Tropheus* hinsichtlich ihrer Bedürfnisse nicht abwechslungsreich genug ernährt?

Dies sind einige von den Fragen, die Sie sich selbst stellen müssen und vielleicht nach dem Lesen dieses Buchs beantworten können.

Im Maul des Weibchens entwickeln sich nur sehr wenige, dafür aber sehr große und widerstandsfähige Jungtiere.

Tropheus duboisi *benötigen im Aquarium zahlreiche Verstecke die durch Steinaufbauten leicht gestaltet werden können. Foto: Piednoir.*

Tropheus duboisi Der Frauenschwarm

Die Art *Tropheus duboisi* ist einer der populärsten Cichliden überhaupt. Fast jedes Zoofachgeschäft führt (zumindest) diese *Tropheus*-Art. Und dies hat seinen guten Grund. Jungtiere begeistern mit ihrem Äußeren jeden Betrachter. Die Fische sind schwarz gefärbt und von einer Vielzahl weißer Pünktchen übersät, die ihnen den Populärnamen „Weißpunktbuntbarsch" verliehen. Dieses überaus attraktive Jugendkleid erinnert an Korallenfische und begeistert jede Aquarianerfrau.

Zum Leidwesen Vieler verlieren diese Fische nach knapp einem Jahr ihr Jugendkleid und sind dann völlig abweichend gefärbt. Die Körpergrundfarbe ist dann weiterhin ein tiefes Schwarz, welches in starkem Kontrast zur blauen Kopfmaske und einem weißen bzw. gelbweißen Querstreifen steht, der hinter der Brustflosse beginnt. Diese leuchtende Körperbinde kann sehr unterschiedlich breit und verschieden gefärbt sein. Besonders schöne Exemplare verfügen über 1 cm breite und gelb gefärbte Querstreifen. Dabei ist die Ausprägung des Körperbands kein Qualitätsmerkmal. Die Art *Tropheus duboisi* kommt im See in verschiedenen Geovarianten vor, die sich in der Breite, Färbung und Leuchtkraft des Körperbandes voneinander unterscheiden. Der Erstimport der Art erfolgte bereits 1958, danach erst wieder 1974. Die Gelbbindenvariante kam Anfang der achtziger Jahre zu uns und wird unter dem Namen „Maswa" vertrieben. Im See kommt die Art in vier kleineren Populationen vor: bei Uvira/Bemba, Kigoma, Cape Kabogo/Maswa und der Insel Karilani. Jungtiere lassen nicht erahnen, um welche Variante es sich handelt. Eine Unterscheidung der Geschlechter im Jugendstadium ist ebenfalls unmöglich. Allgemein kann gesagt werden, daß sich männliche Tiere frühzeitig bzw. Weibchen später umfärben. Der Weißpunktbuntbarsch kann in der Gefangenschaftshaltung zu wahren Rekordmaßen heranwachsen und andere *Tropheus*-Arten hinter sich lassen. Unnatürliche 15 cm Körperlänge sind keine Seltenheit. Diese Größe erreichen vornehmlich dominante Männchen nach drei bis vier Jahren.

Tropheus duboisi kann auch sehr alt werden. Eine Zuchtgruppe von mir war 15

Jahre fortpflanzungsaktiv! Die Geschlechtsreife tritt erst relativ spät, nach gut zwei Jahren ein. An ausgewachsenen Exemplaren kann man mit geübtem Blick recht gut Männchen und Weibchen voneinander unterscheiden. Männliche Exemplare besitzen lang ausgezogene Bauchflossen, die bis zur Afterflosse reichen können. Die Färbung des Körperbands und der blauen Kopfmaske verblaßt etwas mit zunehmenden Alter. Zum Wohlbefinden sind eine abwechslungsreiche Fütterung und regelmäßiger Wasserwechsel eine unabdingbare Voraussetzung. Gerade nach einem Wasserwechsel leuchten die Farben der wunderschönen Fische auf. Für meinen Geschmack zählen adulte *Tropheus duboisi* zu den attraktivsten *Tropheus*-Arten! Weniger attraktiv sind natürlich jene Exemplare, die keine Körperbinde besitzen. Die Breite und Färbung des Körperstreifens lassen sich durch gezielte Selektion züchterisch beeinflussen.

Verschiedene Tanganjikaseecichliden im Gesellschaftsaquarium. Foto: Piednoir.

Es ist ein atemberaubender Anblick, wenn neben den ausgewachsenen Elterntieren junge, weißgepunktete Duboisis heran-

Tropheus duboisi *ist nach wie vor eine der beliebtesten und attraktivsten* Tropheus-*Arten. Dies gilt besonders, wenn es sich um Exemplare mit einer breiten, gelblichen Körperbinde handelt.*

Das Zeichnungskleid junger Weißpunktbuntbarsche begeistert jeden Betrachter.

wachsen. Die Zucht gelingt recht einfach und *Tropheus duboisi* gilt als recht „produktiv". Obwohl die Art zu den „friedlichsten" *Tropheus*-Arten zählt, ist dennoch ein starker Weibchenüberhang empfehlenswert. Die Gruppe sollte mindestens zehn Individuen umfassen. Im Vergleich zu anderen *Tropheus*-Arten sind vor allem

juvenile Duboisi sehr zutraulich, ja fast als neugierig zu bezeichnen. Vielleicht hängt dies damit zusammen, daß die Art im Tanganjikasee tiefere Bereiche bevorzugt (10 bis 15 m Tiefe), keine Gefahren durch den Menschen kennt und dadurch weniger ängstlich ist. Ausgewachsene Exemplare sind Einzelgänger. Nur zum Entlassen des Nachwuchses kommt das Muttertier in die flachen Geröllbereiche. Die Zeichnung der Jungtiere, die uns als Betrachter so auffällig erscheint, stellt dennoch eine gestaltauflösende Schutzzeichnung dar. Es wurde ebenfalls spekuliert, ob es sich um einen Schutz vor der Aggressivität der eigenen Art handeln könnte, analog der „Maskierung" junger Kaiserfische im Korallenriff. Nach meinen Beobachtungen im Aquarium scheint diese Hypothese nicht zutreffend zu sein, die Jungen genießen keinerlei Schutz vor ausgewachsenen Artangehörigen und werden heftiger als andere *Tropheus*-Junge attackiert. Wahrscheinlich erkennen sich die äußerlich nicht unterscheidbaren Geschlechter anhand der individuellen Kopfmaske und Körperbinde. Hinzu kommen vielleicht akustische und geruchliche Merkmale.

Die Art *Tropheus duboisi* ist eine Bereicherung für jedes *Tropheus*-Aquarium. Kreuzungen mit anderen *Tropheus*-Arten sind selten. Unverträglichkeiten gab es in meiner Praxis mit dem relativ ähnlich gefärbtem „Kaiser-Moorii" (Ikola-Variante).

Für mich ist diese faszinierende Art seit knapp zwei Jahrzehnten ein Familienlieblingsfisch, und daran wird auch die Entdeckung neuer farbenprächtiger *Tropheus*-Arten nichts ändern.

Tropheus spec. Bemba Der Beliebteste

Neben dem Weißpunktbuntbarsch ist der Bemba-Moorii der häufigste *Tropheus*-Vertreter im Handel und bei Liebhabern. Ursache für diese enorme Beliebtheit ist seine fantastische Färbung. Ausgewachsene Bembas besitzen leuchtend orangerote Körperbinden, die daumenbreit sein können. Dieses Farbband ist wesentlich breiter als die Körperbinde eines Duboisis. An Prachtexemplaren verblitzt sich der Betrachter förmlich die Augen. Die Bemba-Variante wurde 1958 als erster Gattungsvertreter eingeführt und unter dem Populärnamen „Orangestreifen-Moorii" vertrieben. Die Art ist sehr lebhaft und innerartlich aggressiv. Männchen und Weibchen lassen sich im ausgewachsenen Zustand für „*Tropheus*-Verhältnisse" recht leicht unterscheiden. Die Weibchen bleiben deutlich kleiner und besitzen wesentlich unauffälligere, schmalere Körperstreifen. Leider zeigen meist nur die Männchen das prachtvolle Farbkleid. Und von diesen - wenn man Pech hat - auch nur das dominante Männchen.

Die Bemba-Variante ist leider recht stimmungsabhängig, so daß die Fische unterschiedlich wirken können. In der Schreckfärbung verblassen sie, im Gegensatz zu südlichen Gattungsverwandten. Die Leuchtkraft des namensgebenden Streifens hängt wesentlich von der Fütterung ab. Jungtieren sieht der Kenner an, womit diese gefüttert wurden. Farbverstärkend wirken *Cyclops*, *Daphnia* und *Artemia*-Nauplien. Hinzu kommen natürlich künstliche Futtermischungen. Interessant ist die Beobachtung des sich langsam ausprägenden Farbbands. Am Anfang stehen auch hier die bekannten Querstreifen, welche bei dieser Variante recht dick ausfallen. Später entwickelt sich das Körperband, das bis in die Rückenflosse reichen kann, aus einem gelben Farbton hin zum Orange. In diesem Stadium ähneln die Jungtiere einer anderen Variante, dem Ikola-Kaiser-Moorii.

Die Art bleibt für *Tropheus*-Verhältnisse mit maximal zwölf Zentimetern relativ klein.

Eine weitere Besonderheit der Bemba-Variante ist ihre Vermehrungsfreudigkeit. Ich kenne keinen „produktiveren" *Tropheus* als diesen. Die Geschlechtsreife tritt sehr früh ein, so daß Nachzuchterfolge nach nur einem Jahr keine Seltenheit darstellen. Den maulbrütenden Weibchen sollten unbedingt Versteckplätze angeboten werden.

Gern nehmen diese Pflanzen (z. B. *Cryptocoryne*-Arten) als Unterschlupfplatz an. Eine zuchtfähige Gruppe sollte aus nicht weniger als 20 Tieren bestehen, um auf Dauer „Mord und Totschlag" zu vermeiden. Dabei wäre z. B. ein Verhältnis von drei Männchen zu mindestens 17 Weibchen anzuraten.

Interessanterweise lebt diese Art im See zusammen mit *Tropheus duboisi*. Als Fundort gilt der kleine Ort Bemba. Eine Vergesellschaftung mit relativ ähnlichen *Tropheus*, wie z. B. dem Brabantbuntbarsch (Rutunga-Variante), sollte vermieden werden, da Kreuzungsgefahr besteht.

Ein prächtiger und vom Kampf gekennzeichneter Bemba-Moorii.

Tropheus spec. Ikola
Der Kaiser

Die Ikola-Variante steht den zwei zuvor beschriebenen Arten in nichts nach: sie ist sehr häufig, sehr beliebt und überaus attraktiv. In starkem Kontrast zum dunklen Körper steht die leuchtend gelbe Körperbinde. In ihrer Ausdehnung und Art erinnert sie an das orangerote Band des Bemba-Mooriis. Prinzipiell kann gesagt werden, daß der schöne Kaiser-Moorii eine durchschnittlich breitere Körperbinde zeigt. Bei Spitzentieren reicht diese fast bis zur Schwanzwurzel! Auffallend ist weiterhin ein attraktiver roter Augenring. Ausgewachsene Männchen können eiähnliche Flecken in der Afterflosse zeigen. Was mir persönlich sehr am Kaiser-Moorii gefällt, ist die Tatsache, daß die Fische keinen so großen farblichen Stimmungsschwankungen unterliegen wie beispielsweise der Bemba-Moorii. Kaiser-Mooriis sind fast immer gleichbleibend schön! Und dies trifft auch auf die Weibchen zu, die kaum von ihren Geschlechtspartnern zu unterscheiden sind. Jedoch wurden in den letzten Jahren sehr verschieden gefärbte Wildfänge exportiert, die nicht immer leuchtend gelbe Körperbinden zeigten. Die Färbung dieser Fische kann eher mit einem Grüngelb umschrieben werden. Das Farbband prägt sich erst langsam aus. Richtig ausgewachsen und ausgefärbt sind die Tiere erst nach zwei Jahren. Zuvor muß man sich in Geduld üben und auf das prachtvolle Alterskleid warten. Jedoch zeigen die Jungtiere frühzeitig einen Bindenansatz und lassen dann bereits einiges erahnen. Die Männchen färben sich in der Regel schneller aus und verraten sich recht zeitig durch ihr territoriales und balzaktives Verhalten.

Die schönsten Exemplare der Ikola-Variante besitzen leuchtend gelbe und unübertroffen breite Körperbinden.

Orangefleck-Mooriis zählen zu den häufigsten und attraktivsten Tropheus-*Varianten im Fachhandel.*

ähnlichen und zum Teil nah verwandten Arten sollte unbedingt vermieden werden. Kreuzungsgefahr besteht ebenfalls mit der Bemba-Variante. Nicht empfehlen kann ich aus eigener Praxis *Tropheus duboisi* von Maswa als Gesellschafter. Die dominanten Männchen können sich recht stark, da relativ ähnlich aussehend, bedrängen.

Die Ikola-Variante kann als sehr aggressiv beschrieben werden. Die Gruppe bzw. Jungfischanzahl sollte nicht aus weniger als 20 Individuen bestehen!
Der Kaiser-Moorii bevölkert seit über 20 Jahren unsere Aquarien und wird von Tansania aus exportiert. Ikola ist eine kleine Ortschaft, die als Fundort bekannt wurde. Diese Variante ist vermehrungsfreudig und es kann bei einer harmonischen Gemeinschaft mit reichlich Nachwuchs gerechnet werden.
Zum Verwechseln ähnlich kann der in der letzten Jahren häufig importierte Kiriza-Kaiser-Moorii aussehen. Jedoch besitzen Ikola-Mooriis immer breitere Körperbinden, die ausschließlich gelb und nicht, wie bei einigen Kiriza-Männchen, orange gefärbt sind. Eine Verwechslung mit dem extrem schmalbindigen *Tropheus* spec. Kifumbwe kann aus den oben genannten Gründen ebenfalls ausgeschlossen werden. Eine Vergesellschaftung mit diesen

Tropheus spec. Mupulungu Der Preiswerte

Dieser *Tropheus* hat sehr viele Populärnamen. Die bekanntesten lauten: Orangefleck-, Sunset-, Papagei- oder/und Muzumwa-Moorii. Diese verschiedenen Bezeichnungen für ein und dieselbe Variante verdeutlichen die enorme Popularität des Mupulungu-Mooriis. Die Art wird kontinuierlich in großer Stückzahl importiert. Von allen *Tropheus*-Wildfängen zählt der Orangefleck-Moorii zu den „Preiswertesten". Dies hat nichts mit Qualitätseinbußen oder mangelnder Attraktivität zu tun. Ganz im Gegenteil. Die Art ist für meinen Geschmack einer der attraktivsten *Tropheus*! Hinzu kommen zwei sympathische Eigenschaften: Diese Standortvariante ist keinerlei „Stimmungen" unterworfen und für „*Tropheus*-Verhältnisse" recht friedlich!
Jungfische sind für südliche Varianten

Wunderschöne Rottöne zeigen Vertreter der Moliro- und Chipimbi-Populationen, die auf Grund dessen außerordentlich populär sind.

typisch gezeichnet. Sie besitzen eine Vielzahl von Pünktchen auf dem Kopf und Strich-Pünktchenlinien auf den Flanken. Später bilden sich rötliche Punkte und Striche in der Afterflosse heraus. Sehr attraktiv ist auch der gelbe Augenring. Namensgebend jedoch war der unterschiedlich ausgeprägte Körperfleck. Die meisten Exemplare zeigen schöne gelbe Flecken, selten richtig orangene. Dieser Fleck reicht nicht bis zum Bauch und ist in der Regel scharf begrenzt. Bei Jungtieren und Weibchen ist der Körperfleck diffuser. Die Rückenflosse schimmert blaurot.

Die Mupulungu-Variante ähnelt einer Vielzahl südlicher *Tropheus*-Rassen. Insbesondere die sambischen Standortvarianten zeigen äußerlich recht viele Übereinstimmungen. Auf den ersten Blick recht ähnlich wirkt die rotäugige Kalambo-Variante (Zitonen-Moorii). Fast nicht unterscheidbar ist der Katoto-Moorii. Auch der berühmte Red Rainbow (Kasanga) wird manchmal für einen Orangefleck-Moorii gehalten und umgekehrt. Es empfiehlt sich deshalb eine Vergesellschaftung mit andersartigen, z. B. nördlicheren Varianten.

Im Aquarium erweist sich dieser *Tropheus* als recht friedfertig und für südliche Varianten relativ fortpflanzungsfreudig. Dazu muß gesagt werden, daß nach meinen Erfahrungen pauschal nördliche *Tropheus*-Arten „produktiver" sind als südliche. Aus unerklärlichen Gründen sind leider südliche *Tropheus*-Varianten wenig vermehrungsfreudig. Dies gilt insbesondere für den begehrten „Roten Regenbogen".

***Tropheus* spec. Chipimbi Der Glühende**

Einer der schönsten und beliebtesten *Tropheus*-Varianten ist der Chipimbi-Moorii. Chipimbi ist ein Kap an der Grenze zu Zaire. Diese Art besitzt ein sehr großes Verbreitungsgebiet und verfügt deshalb auch über einige Subpopulationen mit unterschiedlich ausgeprägten Merkmalen. Alle Standortvarianten begeistern durch einen dunkelrot gefärbten Körper und dem namensgebenden Schwanzstreifen. Die Rückenflosse kann kirschrot leuchten

Zu den schönsten Tropheus-*Varianten zählt zweifelsohne der Kirschfleck-Moorii von Bulu Point.*

und die Kehle blau strahlen. Die Iris ist rot gefärbt. Bei richtiger Stimmung scheint der Schwanzstreifen förmlich zu glühen. In dieses Farbkleid habe ich mich bereits als Kind verliebt, und so galt diese Art jahrelang als mein *Tropheus*-Favorit.
Exemplare die bei Moliro gefangen wurden, sind oft etwas röter. Beim Mossi-Moorii können anstelle des Schwanzstreifens einzeln aneinandergereihte Flecken auftreten. Die schönsten Populationen besitzen zusätzlich einen auffällig roten Fleck auf dem Kiemendeckel. Die Art ist regelmäßig im Handel.

Jungtiere lassen mit herrlichen Rottönen bereits einiges vom Alterskleid erahnen. Die Ausprägung des Schwanzstreifens benötigt etwa zwei Jahre. Eher werden die Fische auch nicht geschlechtsreif. Selbstverständlich finden frühzeitig Balzhandlungen und Scheinpaarungen statt, aber diese sind eher spielerischer Natur.
Schwanzstreifen-Mooriis gelten in Züchterkreisen nicht unbedingt als vermehrungsfreudig, so daß regelmäßig Wildfänge importiert werden. Die Geschlechter lassen sich anhand äußerer Merkmale nicht voneinander unterscheiden. Erst der objektive Genitalvergleich kann Klarheit schaffen.
Die Art ist innerartlich aggressiv, auch wenn es temperamentvollere *Tropheus* gibt. Ein deutlicher Weibchenüberhang ist eine Lebensversicherung für die ganze Gruppe.

***Tropheus* spec. Bulu Point Die Kirsche**

Eine der interessantesten *Tropheus*-Formen ist die Bulu-Point-Variante. Ihre Verbreitung in Tansania erstreckt sich auf einen Küstenstreifen von über 70 Kilometern Länge. Bei Magambo lebt diese Art zusammen mit *Tropheus polli*, *Tropheus duboisi* und *Tropheus* spec. Karilani. Dieses gemeinsame Vorkommen von vier *Tropheus*-Vertretern am gleichen Standort ist einmalig! Im Sinne der Systematik verdient diese Variante schon allein deshalb den Status einer eigenen Art.
Die Bulu-Point-Variante wird im Handel unter den Bezeichnungen Kirschfleck- oder Doppelfleck-Moorii vertrieben und erfreut sich großer Popularität. Trotz des großen Verbreitungsgebiets zeigt sich diese Variante einheitlich gefärbt. Alle Fische besitzen auf den Flanken zwei auffällige, namensgebende Flecken, die sowohl in ihrer Ausbreitung als auch in ihrer Färbung sehr unterschiedlich sein können. Die schönsten Exemplare zeigen auf schwarzem Untergrund zwei kirsch-

Leider ist der „Rote Regenbogen" aus Kasanga wenig vermehrungsfreudig, so daß die Nachfrage immer noch stärker als das Angebot ist.

große, leuchtend rote Flecken. Der obere Rand der Iris ist rotorange gefärbt. Einige Vertreter besitzen recht deutlich entwickelte Eiflecken in der Afterflosse.

Die Intensität der zwei auffallend rot gefärbten Flecke ist sehr fütterungsabhängig. *Cyclops*, Daphnien und *Artemia*-Nauplien tragen zur Farbsteigerung bei. Natürlich spielt auch die jeweilige Stimmung eine Rolle, jedoch nicht so vordergründig wie beim Bemba-Moorii. Am deutlichsten sind die wunderschönen Flecke bei den Männchen ausgeprägt. Einige Weibchen besitzen anstelle dessen orangene Farbbänder. Jungtiere lassen nichts von ihrem attraktiven Alterskleid erahnen. Der erfahrene *Tropheus*-Halter kann junge „Kirschen" anhand ihrer Zeichnung recht gut von anderen Jungtieren unterscheiden. Die Färbung der Flecken wird mit zunehmenden Alter immer intensiver, so daß halbwüchsige Exemplare noch recht matt aussehen können. Für meinen heutigen Geschmack zählen gut gefärbte Kirschfleck-Mooriis zu den schönsten *Tropheus*!

Der Doppelfleck-Moorii ist innerartlich sehr aggressiv und verlangt für die erfolgreiche Haltung eine individuenstarke Gruppe. Die Geschlechtsreife tritt erst nach zwei Jahren ein. Dann aber werden die Tiere fortpflanzungsaktiv und recht produktiv.

Tropheus **spec. Kasanga**
Der Newcomer

Der *Tropheus* aus Kasanga wurde unter der Handelsbezeichnung „Red Rainbow" berühmt. Und in der Tat kommt dieser Name nicht von ungefähr. Herrliche Farbtöne charakterisieren diese Variante. Am Bauch befindet sich eine ausgedehnte gelbe Farbzone, die Kehl- und Maulregion ist blau gefärbt, die Rückenflosse leuchtet fantastisch hellrot und die Afterflosse besitzt auffällige rote Punkte. Das Auge wird noch von einem gelben Ring geschmückt. Diese Lokalform widerlegt sicher am eindrucksvollsten den Mythos vom eintönig schwarz gefärbten *Tropheus*. Ein Traum von einem Fisch! Deshalb ist es auch nicht weiter verwunderlich, daß sich die *Tropheus*-Freunde in diese Variante verliebten. Leider ist sie aus bisher unerklärlichen Gründen wenig vermehrungsfreudig, so daß der Bedarf nicht durch Nachzuchten gedeckt werden kann. Wildfänge sind immer schön, wenn auch unterschiedlich brillant. Für *Tropheus*-Verhältnisse sind die „Roten Regenbogen" relativ friedfertig, was man nur bei der vergleichenden Pflege zahlreicher Varianten bestätigen kann. Leider „produzieren" die Fische nur sehr selten und ganz wenige Junge, weshalb kommerzielle Züchter andere Farbschläge bevorzugen. Aufgrund der starken Nachfrage und des relativ geringen Angebots sind diese *Tropheus* noch recht teuer.

Die Färbung der Art ist angenehmerweise wenig stimmungsabhängig. Die roten Farbtöne strahlen auch bei Exemplaren, die nur mit Trockenfutter gefüttert werden, was keine Aufforderung sein soll, dies ausschließlich zu tun. Allerdings existieren zahlreiche Farbabstufungen, die sich daraus ergeben, daß die Art im See an jeder Ecke ein wenig anders ausschaut - salopp formuliert. Exemplare mit blauen Rückenflossen werden ebenso exportiert, wie z. B. der blaurosa schimmernde „Blue blaze", dem allerdings der schöne gelbe Körperfleck fehlt. Männchen und Weibchen sind gleichermaßen attraktiv und äußerlich nicht unterscheidbar. Jungtiere sind nicht nur dunkel wie manche nördliche *Tropheus*-Form sondern bereits sehr ansprechend gefärbt. Bei guter Aquarienpflege können Red Rainbows zu wahren Riesen heranwachsen (bis 15 cm).

Tropheus **spec. Chimba**
Der Altmeister

Diese *Tropheus*-Form stammt aus Chimba, einer kleinen Ortschaft in der Cameron Bay (Sambia). Jahrelang gehörte sie zu den bekanntesten und am häufigsten gepflegten *Tropheus*-Formen. Unter dem anreißerischen Namen „Roter von Sambia" wurde sie berühmt. Ich kenne keinen *Tropheus*, der so herrlich rot leuchten kann! Dies trifft vor allem auf Jungtiere und ausgewachsene Exemplare in Schreckfärbung zu. Leider ist das Alterskleid etwas düsterer und fast komplett dunkel. Deshalb ist die andere Populärbezeichnung „Schwarzrote Variante" vielleicht etwas ehrlicher. Ihre herrliche, sehr stimmungsabhängige Färbung zeigen die Tiere vornehmlich beim Transport, beim Wasserwechsel sowie nach der Fütterung. Die Normalfärbung ist aber im adulten Zustand ein Schwarzrot. Herrliche Blautöne schmücken das Maul und den Kehlsack. Die fantastischen Rottöne sind sehr fütterungsabhängig. Deshalb sollten die Jungtiere unbedingt mit lebenden Salinenkrebsen gefüttert werden. Die Art gilt in Aquarianerkreisen als relativ fruchtbar und weniger aggressiv.

Unter den Bezeichnungen „Roter von Sambia" oder „Schwarzrote Variante" fand dieser Tropheus *Anfang der achtziger Jahre weite Verbreitung.*

***Tropheus* spec. Rutunga**
Der Klassiker

Der berühmteste, wenn auch lange nicht mehr häufigste *Tropheus* ist die Variante aus Rutunga, einer kleinen Ortschaft bei Magara. Dieser wurde nicht nur in Cichlidenkreisen als „Brabantbuntbarsch" bekannt. Den Populärnamen prägte LADIGES, weil diese Variante in ihrem Farbkleid die Nationalfarben Belgiens vereint (schwarz/gelb/rot) und Brabant eine Provinz in Begien ist. Jahrelang war dieser *Tropheus* die bestimmende Variante, und fast alle Veröffentlichungen vor 1975 beziehen sich auf diesen. Noch heute wird der Begriff „Brabantbuntbarsch" von vielen Aquarianern synonym für alle Tropheus-Varianten verstanden. Neben dem Weißpunktbuntbarsch, *Tropheus duboisi*, war der Brabantbuntbarsch, *Tropheus moorii*, die populärste *Tropheus*-Art. Früher wurde nur der Bemba-Moorii exportiert, der bald darauf wieder in den Aquarien ausstarb.

Die ganze Begeisterung für *Tropheus* geht auf diesen Fisch zurück. Aus heutiger Sicht ist diese Fundortvariante nicht mehr die attraktivste. Die Fische faszinieren durch einen sehr stimmungsabhängigen Farbkeil, der von der Rückenflosse zum Bauch führt. Ausgewachsene Männchen leuchten besonders bei der Balz und stellen dann die Rückenflosse mit dem herrlich roten Farbkeil auf. Diese beste Stimmung hat damals der Fotograf B. KAHL auf Film festgehalten. Die Aufnahme zeigt gleich zwei herrliche Brabantbuntbarsche. Diese Fische bzw. dieser Anblick war irgendwie magisch und bereitete mir als Kind schlaflose Nächte. Den „Rest" bekam ich bei der Beobachtung des lebhaften Verhaltens. Einfach faszinierend! Die Preise, auch für Nachzuchten, waren lange Zeit astronomisch. Mit der Rutunga-Variante begann der unaufhaltsame Siegeszug aller *Tropheus* in die Herzen der Aquarianer.
Leider ist diese Variante äußerst aggressiv und sehr stimmungsabhängig gefärbt. Weniger als 20 Tiere auf Dauer pflegen zu wollen, wird an der ausgeprägten innerartlichen Aggressivität scheitern. Sehr schön läßt sich an dieser Form die Ausprägung des Farbgürtels beobachten.
Der klassische Brabantbuntbarsch ist sehr fortpflanzungsfreudig, aber heutzutage leider selten geworden, da ihn attraktivere *Tropheus*-Formen verdrängt haben.

Die Ausbildung des typischen Farbgürtels läßt sich gut am klassischen Brabantbuntbarsch beobachten. Im Bild ein halbwüchsiges Exemplar in der Umfärbung.

Tropheus polli
Der Gegabelte

Die als Gabelschwanz- oder Wimpel-Moorii bekannt gewordene Variante heißt seit 1977 *Tropheus polli* und gilt systematisch als eigenständige Art. *Tropheus polli* weist in der Tat einige Charakteristika auf, die diesen Status rechtfertigen. Sehr auffällig ist die namensgebende, tief gegabelte Schwanzflosse, die sehr attraktiv wirkt. Anstelle bunter Farben zeigt die Art auf grauem Grund ein helles Querstreifenmuster. Bei ausgewachsenen Exemplaren leuchtet die Iris wunderschön blau. *Tropheus polli* zählt zu den wenigen *Tropheus*-Formen, die im ausgewachsenen Zustand einen deutlichen Geschlechtsunterschied zeigen. Weibliche Exemplare sind wie Jungtiere quergestreift, legen dieses Jugendkleid praktisch nie ab. Adulte Männchen sehen einheitlich graublau aus und sind daher deutlich unterscheidbar. Die Spitzen der Schwanzflosse sind sehr schön ausgezogen. *Tropheus polli* kann mit über 15 cm Körperlänge sehr groß werden!

Im Tanganjikasee lebt die Art zusammen mit dem Kirschfleck-Moorii bei Bulu-Point (Tansania). Sie scheint dort eine andere ökologische Nische zu besetzen und wird meist in 5 bis 10 m tiefen Wasserschichten beobachtet.

Im Gegensatz zu anderslautenden Mitteilungen hat sich die Art als aggressiv erwiesen, so daß ein deutlicher Weibchenüberhang ein absolutes Muß darstellt. Zur

Vermehrungsfreudigkeit dieser Art sei angemerkt, daß es „produktivere" *Tropheus*-Arten gibt.
Mit ihrem außergewöhnlichen Zeichnungsmuster ist *Tropheus polli* eine gelungene Bereicherung für *Tropheus*-Aquarien.

Die Weibchen von Tropheus polli *behalten als Besonderheit die kindliche Streifenzeichnung zeitlebens bei. Die Männchen sind einheitlich graublau gefärbt.*

Tropheus spec. Murago
Der Mysteriöse

Es gibt keinen *Tropheus*, um den es mehr Aufsehen gab, als um den Murago-Moorii. Der Grund dafür dürfte darin liegen, daß der Fundort dieser Variante aus kommerziellen Gründen vom bekannten Exporteur P. Brichard zeitlebens geheimgehalten wurde. Mittlerweile kann es als gesichert angesehen werden, daß dieser attraktive *Tropheus* aus der Umgebung nördlich von Zongwe (Zaire) stammt. Nachdem die ersten Fotos von diesem wunderschön gezeichneten *Tropheus* veröffentlicht wurden, stieg die Nachfrage rasant. Clevere Geschäftsleute warten ab, bis sie größere Mengen von Nachzuchten einer begehrten Art zu einem einheitlich hohen Preis auf den Markt werfen können. So auch im Falle des mysteriösen Murago-Mooriis. Allerdings ging man hier noch einen kriminellen Schritt weiter und exportierte anfangs nur Männchen, damit anstelle eigener Nachzucht ständig eine künstlich geschaffene Nachfrage am Leben erhalten wurde. Auch diese Tiere wurden zu Rekordpreisen verkauft. Mittlerweile ist es ruhiger um den Murago-Moorii geworden. In den Aquarien existieren einige Zuchtstämme, die sich farblich voneinander unterscheiden lassen. Der sogenannte „Zongwe-Murago" fällt durch einen angenehmen Gelbton auf.
Charakteristisch für diesen *Tropheus* sind die perlmuttartigen Sprenkeln am Kopf ausgewachsener Exemplare. Diese prägen sich vornehmlich bei den Männchen zu jener begeisternden Kopfmaske aus, für die diese Variante berühmt wurde. Leider ist die Ausprägung der hübschen Tüpfelung sehr unterschiedlich. Der Körper wird von hellen Querstreifen durchzeichnet, wie sie für südliche Varianten

Murago-Moori-is können sehr unterschiedlich wirken. Nicht alle Exemplare besitzen ausgeprägte Sprenkeln am Kopf.

typisch sind. Dominante Männchen verlieren im Gegensatz zu den Weibchen diese Streifung zeitweise.

Der Murago-Moorii ist relativ laicht zu züchten kann somit gut vermehrt werden und ist seit geraumer Zeit erschwinglich geworden. Viele *Tropheus*-Freunde verlieben sich aufs Neue in diese fantastische Kopfmaske, die sehr abwechslungsreich wirkt.

Tropheus spec. Kalambo
Die Zitrone

In den achtziger Jahren war die Kalambo-Variante eine der beliebtesten *Tropheus*-Arten. Aufgrund ihres äußeren Erscheinungsbilds wurde sie als Zitronen- oder Gelbfleck-Moorii verbreitet. Die Fische sind sehr ansprechend gefärbt und zeigen für südliche Rassen typische Merkmale. Auf dem Kopf befindet sich eine Vielzahl heller Pünktchen, und die Afterflosse ist mit roten Flecken versehen. Namensgebend jedoch war ein leuchtend gelber Fleck, welcher die Körperflanke schmückt und sich in Richtung Bauch ausdehnt. Sehr attraktiv und bekannt ist der rote Augenring, welcher das ganze Auge umschließt. Die Rückenflosse schimmert herrlich blaugrau. Bei einigen Exemplaren kann man auch im Alter noch Reste des jugendlichen Streifenmusters erkennen. Männchen besitzen in der Regel die größeren und auffälligeren Flecke und verraten sich vor allem durch ihr frühzeitiges Revierverhalten.

Die Kalambo-Variante unterliegt sympathischerweise keinen großen Färbungs-

Der schöne rote Augenring charakterisiert u. a. die Kalambo-Variante. Ein Weibchen bei der Futtersuche.

schwankungen, so daß die Fische fast immer gleichbleibend schön sind. Ein weiterer Pluspunkt ist die relativ gering ausgeprägte Aggressivität, die sich vielleicht aus der sozialen Lebensweise im See erklären läßt, wo die Art z. T. in großen Schwärmen auftritt. Für südliche Rassen kann der Zitronen-Moorii als relativ vermehrungsfreudig beschrieben werden.
Eine Kreuzungsgefahr ist zwischen den recht ähnlichen, südlichen *Tropheus*-Varianten immer gegeben und sollte man gar nicht erst provozieren. Dies gilt besonders für die Kombination Kalambo und Mupulungu.

Tropheus spec. Kachese
Der Feurige

Obwohl der Kachese-Moorii bereits vor über 20 Jahren eingeführt wurde, erfolgte seine aquaristische Verbreitung erst in den Neunzigern. Dies ist beim Anblick dieser südlichen Variante etwas verwunderlich. Die zuletzt importierten *Tropheus* zeigen sehr viel mehr rot als die unter der Bezeichnung „Stirnstreifen-Variante" Mitte der siebziger Jahre bekannt gewordenen Fische. Der Fundort dieser attraktiven Variante liegt nördlich von Sumbu bei Cape Cachese. Den namensgebenden Stirnstreifen, welcher zwischen den Augen verläuft, zeigen bei weitem nicht alle Tiere. Typisch für die Färbung diese Variante waren Gelb- und Grüntöne. Die neu importierten Kachese „Red"-Exemplare begeistern durch ein herrliches Rot, welches sehr fütterungsabhängig ist. Leider erreichten meine Nachzuchten trotz bester Pflege nie wieder die herrlichen Farben ihrer Wildfangelterntiere. Dies kommt bei *Tropheus* gar nicht so selten vor.
Die Jungtiere zeigen neben der Streifenzeichnung bereits rote Flossen und eine gelbe Bauchpartie. Mit zunehmenden Alter prägen sich eine wunderschön blau gefärbte Kehle und rote Streifen am Maul auf dem unteren Rand des Kiemendeckels heraus. Ausgewachsen ähneln vor allem die Männchen ein wenig der Chimba-Variante, jedoch besitzen Kachese-Mooriis immer leuchtendere Farben. Weibchen behalten die kindliche Streifenzeichnung oft viel deutlicher, welche männliche Tiere frühzeitig ablegen.
Die Aggressivität hält sich für „*Tropheus*-Verhältnisse" in Grenzen. Kachese-Mooriis scheinen relativ fortpflanzungsfreudig zu sein und werden regelmäßig als Nachzuchten angeboten.

Herrliche Rottöne zeigen die in letzten Jahren unter Bezeichnung „Kachese red" importierten Tropheus.

Tropheus spec. Nangu
Der gelbe Regenbogen

Ende der siebziger Jahre gelangte ein neuer *Tropheus* nach Deutschland, der im Gegensatz zu allen dunklen Varianten wunderschön hell gefärbt war. Im Alter und in der Jugend sind die Tiere dagegen recht dunkel, jedoch nie düster. Aquarianer verliehen dieser Art den Namen „Gelber- bzw. Gelbgrauer Regenbogen-Moorii". Typisch sind die wunderschön gefärbte gelbgraue Rückenflosse und ein diffuser, heller Fleck am Bauch, der nicht wie bei verwandten Arten scharf begrenzt ist und in der Körpermitte liegt. Die Afterflosse weist farbige Punkte auf.

Die kindliche Streifenzeichnung verschwindet nicht bei allen Individuen. Für mich ist die halbwüchsige Phase, nach dem Jugend- und vor dem Alterskleid, die schönste. Dann leuchten die Tiere hellgelb. Später schlägt der Farbton in einen Grauton um. Sehr attraktiv kann dann der blaurote Kopf aufleuchten. Werden die Tiere durch andere Arten unterdrückt, bleiben sie dunkler.

Leider hat die Nangu-Variante nie weite Verbreitung gefunden, obwohl sie sehr abwechslungsreich aussieht. Die innerartliche Aggressivität ist für *Tropheus*-Verhältnisse relativ gering ausgeprägt.

Tropheus spec. Kipili
Der Strahlende

Als ich die ersten Kipili-Mooriis als Nachzuchten im Handel sah, verschlug mir deren Färbung glatt die Sprache. Für meinen Geschmack gibt es keinen attraktiveren *Tropheus*-Jungfisch. Die Variante ist typisch gestreift und leuchtet gelborange. Leider verblaßt dieser fantastische Grundton rasch, und es bleiben die gelben Querbalken auf braunen Grund zurück.

Die Art wurde unter der Bezeichnung „Yellow-Zebra-Variante" vorgestellt, allerdings fand dieser Name keine Verbreitung. Bekannt wurde diese aus Tansania stammende *Tropheus*-Form auf Grund der Besonderheit, daß die Geschlechter sich voneinander unterscheiden lassen. Weibliche Tiere behalten zumeist die Querstreifenzeichnung bei, oder es verdicken sich die ersten Querstreifen zu zwei/drei gelben Farbklecksen. Männchen besitzen, wenn überhaupt, nur ein bis zwei gelbe Querbalken.

Durch Biotopbeobachtungen wissen wir heute, daß die Art in mehreren Populationen vorkommt, die sich gerade in jenen Zeichnungsmerkmalen voneinander unterscheiden. Mit ihrem Alterskleid ist diese Form nicht sonderlich attraktiv, sehr

Exemplare der Nangu-Variante zeigen im Gegensatz zu vielen Gattungsverwandten eine attraktive helle Körperfarbe.

Junge Kipili-Tropheus sehen fantastisch aus und reizen zum Kauf.

Den schönsten Neuimport der letzten Jahre stellt die Ilangi-Variante dar.

schön leuchtet allerdings die blaue Iris.
Die Kipili-Variante ist ausgesprochen aggressiv und muß in großen Gruppen mit mehr als 20 Tieren gepflegt werden. Eine weite aquaristische Verbreitung blieb ihr bislang versagt, was auf Grund der enormen Aggressivität und dem schlichten Alterskleid nicht weiter verwundert. Daran kann wohl auch das attraktivste *Tropheus*-Jugendkleid nichts ändern.

Tropheus spec. Ilangi
Der Begehrte

Anfang der neunziger Jahre erfolgte der Import des Ilangi-Mooriis. Für einige Cichlidenfreunde war dies die Geburtsstunde der *Tropheus*-Pflege. Die Tiere sind so farbenprächtig, daß sie zu den schönsten *Tropheus* gezählt werden müssen. Der Ilangi-Moorii ist in der Nkamba Bay in Sambia beheimatet, die als sehr krokodilreich gilt. Deshalb gestaltet sich der Fang dieser Variante schwierig. Aufgrund der enormen Nachfrage und des knappen Angebots schnellten die Verkaufspreise in die Höhe. Erst seit kurzem werden die Tiere von Liebhabern vermehrt und sind finanziell erschwinglich geworden.

Alle Ilangis besitzen einen grün-gelben Körperton, der herrlichen orange-gelben Farbzonen Platz macht. Obwohl es sich um eine südliche Variante handelt, fehlen ihr die typischen Punkte auf dem Kopf. Das Auge wird von einem gelben Ring umgeben. Ein fantastisches Rot schmückt die Rückenflosse. Jungtiere ähneln sehr der „Red Rainbow-Variante". Im ausgewachsenen Zustand zeigen die Fische meist keinerlei Streifenzeichnung und sind glücklicherweise nicht sehr stimmungsschwankend.
Die Art ist leider nicht so vermehrungsfreudig, wie sich das mancher Züchter wünscht. Dafür hält sich aber die Aggressivität in Grenzen.

Der Ilangi-Moorii ist der aufregendste und begehrteste *Tropheus*-Import der letzten Jahre.

Tropheus spec. Malagarasi
Der Grüne

Lange mußte ich warten, um endlich den von mir geliebten Malagarasi-Moorii mein Eigen nennen zu können.
Die Art ist zwar seit über 20 Jahren aquaristisch bekannt, hat jedoch nie weite Verbreitung gefunden. Mir blieb als Kind jahrelang der Anblick dieser *Tropheus*-Variante beim Züchter unvergessen. Die Fische sahen so anders aus: grün! Hinzu kam die wunderschön blau gefärbte Iris und eine gelbe Körperbinde. Eine Besonderheit ist bei ausgewachsenen Exemplaren die halbmondförmige Schwanzflosse.
Die Malagarasi-Variante verfügt über zahlreiche Handelsbezeichnungen, die bekanntesten lauten Blauauge, Wimpel-, Gold- und Lugufu-Moorii. Obwohl diese Variante sofort zu erkennen ist, zeigt sie dennoch eine gewisse Variabilität. Dies macht sich vor allem in der Breite der Körperbinde bemerkbar. Diese erinnerte mich immer an *Tropheus duboisi*. Jungtiere besitzen einen zarten, aber herrlich roten Rückenflossenrand. In der Schreckfärbung sehen einige Exemplare auffallend hell gelbgrün aus.

Die Art ist ausgesprochen aggressiv, so daß selbst mehr als zwanzig Individuen kein Überleben garantieren. Nach meinen Erfahrungen mit gemischten Gesellschaften stellte sich die Malagarasi-Variante als empfindliche Tropheus-Variante heraus. Dafür erfreuen sie ihren Pfleger mit reichlich Nachwuchs.

Die Farbe Grün ist bei Tropheus *sehr selten und wird synonym mit der Malagarasi-Variante verstanden.*

Tropheus spec. Kiriza
Der andere Kaiser

Eine Variante machte in den letzten Jahren den „Dauerbrennern" Bemba- und Ikola-Moorii Konkurrenz: die Kiriza-Variante. Diese attraktive *Tropheus*-Form stammt aus dem Gebiet bei der kleinen Ortschaft Kiriza (Nordwestküste, Zaire). Aufgrund ihrer Ähnlichkeit zur beliebten

Einige männliche Exemplare der Kiriza-Variante zeigen orangene Farbbänder, die zum einen an den Bemba-Moorii und zum anderen an die Ikola-Variante erinnern.

Ikola-Variante wurde sie von Aquarianern auch „Kaiser II" getauft. In der Tat erinnern die Fische stark an die Kaiser-Variante aus Tansania. Kiriza-Mooriis besitzen eine leuchtende, pechschwarze Grundfarbe. Es gibt wenige *Tropheus*, bei denen der schwarze Körper so von allein leuchtet. In starkem Kontrast dazu steht ein auffallend gelber Körperstreifen, der bis in die Rückenflosse hinein reicht. Bei den schönsten Exemplaren ist die Binde daumenbreit.

Nach meinem Empfinden leuchten junge Kiriza-Mooriis von allen ähnlichen *Tropheus* am schönsten und lassen sehr schnell den späteren Körperstreifen erahnen. Es gibt allerdings auch Populationen, bei denen die Bindenbreite eher an die Zitronenstrich-Variante (Kifumbwe) erinnert. Weibchen besitzen zumeist schmalere Körperstreifen.

Einige Wildfangmännchen begeisterten durch orangene Farbbänder, die eher an Bemba-Moriis erinnerten. Bei diesen waren Männchen und Weibchen deutlich voneinander zu unterscheiden. In aller Regel sind aber beide Geschlechter einheitlich gelb gestreift.

Eine Vergesellschaftung mit den ähnlichen Standortvarianten aus Bemba und Ikola darf nicht erfolgen, da die Kreuzungsgefahr sehr groß ist.

Die Kiriza-Variante bestätigt die Regel von der Vermehrungsfreudigkeit nördlicher Varianten, die Art ist sehr produktiv.

Tropheus **spec. Kigoma**
Der Gestreifte

Mitte der siebziger Jahre kam eine sensationell neue *Tropheus*-Variante nach Deutschland. Sensationell deshalb, weil dieser *Tropheus* auch im ausgewachsenen Zustand Querstreifen zeigte! Es wurde spekuliert, ob es sich vielleicht aufgrund dessen um den „Ur-*Tropheus*" handeln könnte. Mittlerweile ist es um die Kigoma-Variante ruhiger geworden. Erst in den letzten Jahren erfolgten wieder Exporte, so daß die gestreifte Variante vielleicht jetzt eine gesicherte Verbreitung finden kann. Eigentlich hätte es dieser *Tropheus* verdient, denn er sieht sehr ansprechend aus. Beide Geschlechter sind deutlich gestreift und besitzen attraktive gelbe Bauch- und Rückenpartien. Interessanterweise bildet diese Variante, zumindest im männlichen Geschlecht, sehr deutliche Eiflecken aus. Die Kigoma-Variante stammt aus Tansania und besitzt ein größeres Verbreitungsgebiet. Die attraktivsten Populationen mit herr-

lichen Gelbtönen sind unter den Bezeichnungen „Katonga- oder Ujiji-Moorii" im Handel.
Obwohl diese Variante mit ihrem abwechslungsreichen Farbkleid eine gelungene Bereicherung für *Tropheus*-Aquarien darstellt, darf nicht verschwiegen werden, daß sie zu den unverträglichsten Arten zählt. Kleine Aquarienmaße (unter 150 cm) und geringe Stückzahlen (unter 25) werden unweigerlich bestraft.

Überaus aggressiv erweisen sich Vertreter der Kigoma-Variante im Aquarium.

Vertreter der seltenen Lupota-Variante können sehr auffallend aussehen.

Ich kenne keinen weiteren Tropheus, der in der Färbung derart variabel ist wie die Caramba-Variante. Im Bild ein prachtvolles Tier mit ausgedehnten roten Farbzonen.

Tropheus spec. Lupota
Der Rotbrüstige

Den Lupota-Moorii bekam ich erst relativ spät zu Gesicht. Die Variante wurde erst Mitte der achtziger Jahre von Lupota (Zaire) aus exportiert. Dieser *Tropheus* kann sehr aufregend aussehen. Die Art unterliegt großen Stimmungen und einer gewissen Variabilität. Im besten Fall verfügen ausgewachsene Exemplare über herrlich rote Brustbereiche. Die Kehlpartie ist noch nicht rot gefärbt. Aber ab dem Kiemendeckel rund um die Brustflosse können die Fische prächtig aussehen. Die Körpergrundfarbe kann mit rotbraun umschrieben werden. Jungtiere zeigen manchmal etwas Grau und in jedem Fall deutliche Querstreifen, die einige Tiere, überwiegend Weibchen, nie ganz ablegen. Die Afterflosse wird von roten Punkten und das Auge von einem roten Ring geschmückt.

Die Art ist weder so aggressiv noch so fortpflanzungsfreudig wie andere *Tropheus*-Varianten. Eine Verwechslung und Vermischung mit dem recht ähnlichen Blutkehl-Moorii (Munshi-Variante) ist nicht auszuschließen. Bei letzterer Variante hört der farbintensive Bereich aber da auf, wo er beim Lupota-Moorii anfängt, beim Kiemendeckel.

Tropheus spec. Caramba
Der Verschiedenartige

Ich kenne keinen weiteren *Tropheus*, der so unterschiedlich wirken kann wie der Caramba-Moorii. Jedes Tier ist anders gefärbt. Eine einheitliche Um- bzw. Beschreibung dieser Variante kann niemand liefern. Im deutschen hat sich die Populärbezeichnung „Kirschkopf-Moorii" eingebürgert. In Händlerlisten taucht die Variante eher als „Cherry Cheek" auf.

Die Ersteinfuhr dieser Variante erfolgte erst relativ spät, Ende der achtziger Jahre.

Als Fundort wird Cape Katende an der Nordwestküste (Zaire) angegeben. Die

Caramba-Variante hat von vielen *Tropheus*-Arten etwas und erinnert ein wenig an die Rutunga-, Munshi- und Lupota-Variante. Jungtiere fallen frühzeitig durch rote Flecken im Kopfbereich auf. Die Färbungsintensität unterliegt weniger der Fütterung sondern vielmehr den verschiedenen Stimmungen, denen die Tiere stark unterlegen. Über Nacken und Auge erstreckt sich ein unregelmäßiger Fleck. Einige Exemplare zeigen auch streifenähnliche Farbmuster in der Rücken- und Bauchregion. Im Gegensatz zu ähnlichen Varianten beginnen die farbintensiven Bereiche in der Regel erst oberhalb und hinter dem Auge. Ausnahmen bestätigen die Regel. Die schönsten Exemplare zählen sicherlich zu den auffälligsten *Tropheus*.

Tropheus spec. Mpimbwe
Das Rotbäckchen

Mitte der achtziger Jahre gelangte eine neue und sehr attraktive *Tropheus*-Variante in unsere Aquarien und fand schnelle Verbreitung. Hierbei handelt es sich um die namentlich schwierig auszusprechende Mpimbwe-Variante, die bei Luganda an der Ostküste (Tansania) gefangen wird. In neuerer Literatur werden als Fundort die Bucht Msalaba und als nahe gelegene Stadt Utinta genannt. Aufgrund äußerer Charakteristika prägten Aquarianer bald die Bezeichnungen Orangewangen- oder Rotbäckchen-Variante. Die Fische begeistern durch eine glühend rote Wangenregion und eine blaue Iris. Die Ausprägung

Die Wange und die Iris können bei der Mpimbwe-Variante herrlich strahlen.

Als sehr selten und äußerst aggressiv kann die Kabimba-Variante beschrieben werden.

des wunderschönen Wangenfleckes ist lokal sehr unterschiedlich und dazu noch stimmungsabhängig. Man unterscheidet heute mehrere Fundortvarianten, bei denen die Farbpalette von einem blassen Gelb über Orange zu einem kräftigem Rot führt. Die Körpergrundfarbe ist ein rostiges Braun. Die jugendlichen Querstreifen können attraktiv gelb oder weiß gefärbt sein und wirken insgesamt recht auffällig. Weibchen legen die kindliche Streifenzeichnung zeitlebens nie ganz ab. Die Männchen sind oft an ihrer ausgeprägteren Färbung und dem Fehlen von Querstreifen erkennbar.
Im Aquarium erweist sich dieser *Tropheus* weder als sonderlich aggressiv noch produktiv.

Tropheus spec. Kabimba
Die Kanarienwange

Lange mußte ich auf den Anblick von lebenden Exemplaren dieser seltenen Variante warten. Nach meinem Geschmack hat sich das Warten für alle *Tropheus*-Freunde gelohnt. Die Fische sehen so anders aus und begeistern auf Anhieb. Natürlich gibt es farbenprächtigere *Tropheus*, aber einen auffallend gelben Fleck auf dem Kiemendeckel kann nur der Kabimba-Moorii vorweisen. Hinzu kommen noch sehr schöne kanariengelbe Brust- und Bauchflossen. Diese Merkmale begründeten die Populärbezeichnungen Canary Cheek- bzw. Kanarienwangen-Moorii. Die Grundfarbe dieser Variante

kann mit graubraun umschrieben werden. Alle Individuen sind einheitlich gefärbt und unterscheiden sich nur geringfügig in der Ausdehnung des hübschen Kiemendeckelflecks. Die Färbung ist Stimmungen sehr unterworfen. Bei Unwohlsein färben sich die ansonsten hellen *Tropheus* kräftig dunkel, und die typischen Wangenflecken werden großflächiger und beinahe weiß. In Schrecksituationen leuchten die Fische hellgelb.
Einige Weibchen zeigen noch im Alterskleid kindliche Querstreifen, die dominante Männchen gänzlich vermissen lassen. Jungtiere sind mit ihren breiten Querbalken, einer blauen Kehl- und Wangenpartie und einem farbigen Rückenflossenrand attraktiv gefärbt.
Leider zählt die Kabimba-Variante zu den unverträglichsten *Tropheus*. Hier empfiehlt sich die Haltung von nur einem Männchen mit mehr als zehn Weibchen. Besser wären noch deutlich mehr bei reichlich Platz.
Obwohl die Art recht vermehrungsfreudig ist, wird ihr wohl aufgrund der hohen innerartlichen Aggressivität eine weite Verbreitung verwehrt bleiben.

Tropheus **spec. Kapampa**
Der Fremdartige

Erst vor wenigen Jahren wurde ein völlig abweichend gefärbter *Tropheus* unter der Fundortbezeichnung Kapampa-Moorii exportiert (Zaire). Diese Variante weicht in der Färbung deutlich von allen anderen *Tropheus* ab. Anstelle der obligatorischen Schwarzfärbung zeigen diese Vertreter eine graue Grundfarbe. Jungtiere leuchten in Schrecksituationen grauweiß. Ansonsten dominieren die schmalen und gelb gefärbten Querstreifen. Die Rückenflosse kann herrlich schimmern, und auf der Afterflosse leuchten rote Punkte.
Die Kapampa-Variante wird recht groß und wirkt dann sehr kräftig. Mit zunehmenden Alter bildet sich ein deutlicher, hellgelber Fleck heraus, der sich von der Körpermitte aus in Richtung Rücken ausdehnt. Dies ist insofern bemerkenswert, als daß sich bei fast allen anderen *Tropheus*-Varianten der Fleck immer zum Bauch hin erstreckt. Die Größe und Färbung ist individuell sehr verschieden. Einige Exemplare zeigen gar keinen Fleck, bei anderen ist dieser nur während des Imponierverhaltens klar umrissen und leuchtend.
Im Aquarium erwiesen sich meine Kapampa-Mooriis als nicht so aggressiv wie erwartet. Im ausgewachsenen Zustand ähneln sie der benachbarten Zongwe-Variante, die noch seltener ist.

Mal etwas anderes: Die Kapampa-Variante.

Ein paar Worte am Schluß

Wie Sie an den vorangegangenen Beschreibungen einzelner *Tropheus*-Varianten unschwer (und spätestens) erkennen konnten, gehört meine Liebe nicht nur einem *Tropheus* sondern allen. Es ist nicht leicht, sich für eine Variante zu entscheiden. *Tropheus*-Arten sind so unterschiedlich, daß für jeden Geschmack etwas dabei ist. Jeder hat seine persönlichen Favoriten. Die seltensten Varianten sind dabei nicht immer die schönsten und die häufigsten nie die häßlichsten.

Ich bin mir nicht mehr so sicher, ob meine Bilder und Beschreibungen bei einer Auswahl hilfreich waren. Sicherer bin ich mir hingegen, daß es Ihnen nach der Lektüre des Buches gelingen sollte, grundsätzliche Fehler zu vermeiden und unsere gemeinsamen Lieblinge artgerecht und erfolgreich zu halten.

Abschließend möchte ich nochmals betonen, daß ausnahmslos alle *Tropheus*-Arten innerartlich sehr aggressiv sind. Natürlich ist die feststellbare Aggressivität von einer Vielzahl äußerer Faktoren (z. B. Gruppenstärke, Besatz, Volumen etc.) abhängig, dennoch habe ich oft versucht, diesbezüglich eine Aussage zu machen. Dies tat ich vornehmlich in jenen Fällen, wo mein subjektiver Eindruck durch die Erfahrungen anderer Aquarianer gestützt wurde. Es ist sehr schwer, wenn nicht gar unmöglich, hierbei zu verallgemeinern. Deshalb sind gerade diese Angaben ohne Gewähr.

Bezüglich der Vermehrungsfreudigkeit gilt ähnliches. Nach meinen Erfahrungen sind einige Varianten, vornehmlich nördliche, „produktiver" als andere, wobei Sie sich nicht an dem Begriff als solches stoßen sollten. Für mich hat dies nie eine Rolle gespielt.

Ich habe versucht, daß Thema *Tropheus* sehr praxisrelevant anzupacken und mich bemüht, Entdeckungsgeschichten, Namenswirrwarr, Landes- und Gewässerkunde in überflüssiger Form zu vermeiden. Sollten Sie diesbezügliche Informationen vermissen und mehr Hintergrundwissen verlangen, empfehle ich als weiterführende Lektüre „Das Große Buch der *Tropheus*-Cichliden" aus dem Bede-Verlag.

Die Beschäftigung mit Vertretern aus der variantenreichen Gattung *Tropheus* - und damit schließt sich der Kreis zu meinen einleitenden Worten - macht auf lange Sicht unweigerlich süchtig. Ihr erster Schritt dahin hat bereits mit dem Kauf diesen Buchs begonnen. In diesem Sinne wünsche ich erlebnisreiche Stunden mit Ihren Pfleglingen!

Danksagung

Ich bedanke mich bei meinen folgenden Freunden, die direkt durch ihre konstruktive Kritik am Manuskript oder/und indirekt durch die Möglichkeit der Fotografie zum Gelingen dieses Buchs beigetragen haben:
Stefan Brennig (Halle),
Uwe Hoffmann (Berlin),
Dr. Klaus Kirchner (Erfurt),
Jürgen Krüger (Berlin),
Olaf Ladewig (Bernburg),
Sascha Wendland
(Firma „Aqua-Treff-Berlin").